Frontiere Einaudi

www.einaudi.it

Per l'epigrafe a p. 1:
Friedrich Nietzsche, *Cosí parlò Zarathustra*,
trad. it. di Mazzino Montinari, Adelphi, Milano, 1976.

ISBN 978-88-06-26294-5

Massimo Recalcati

La luce e l'onda

Cosa significa insegnare?

Einaudi

A Ernesto Franco,
con gratitudine

La luce e l'onda

Colui che un giorno insegnerà il volo agli uomini, avrà spostato tutte le pietre di confine.

FRIEDRICH NIETZSCHE, *Cosí parlò Zarathustra.*

Introduzione

L'ora di lezione è stato un libro molto amato, non solo nel mondo della Scuola[1]. Una delle ragioni principali di questo amore credo sia dovuta al fatto che esso poneva al centro della vita della Scuola l'incontro generativo con la parola del maestro. Si trattava per me di ricordare ciò che c'è di piú essenziale nell'attività di insegnamento: un'ora di lezione può davvero cambiare il destino di una vita, può lasciare un segno indelebile. In questo senso quel libro conteneva già un elogio appassionato del maestro e della Scuola[2]. È il tema che riprendo in modo piú ampio in questo nuovo lavoro. Non è scontato mantenere unita questa coppia di termini: il maestro e la Scuola. Sappiamo bene, infatti, come l'azione del maestro tenda a disfare ogni forma scolastica del sapere essendo, proprio per questa ragione, tendenzialmente anti-istituzionale. Il destino tragico di Socrate e di Gesú mostra in modo radicale l'eccentricità sovversiva del maestro a ogni dispositivo istituzionalizzato. Piú ordinariamente, l'azione didattica ed etica di ogni maestro non si limita a trasmettere un sapere tecnico, non svolge la sua funzione eseguendo i compiti imposti dal di-

[1] Cfr. M. Recalcati, *L'ora di lezione. Per un'erotica dell'insegnamento*, Einaudi, Torino 2014.

[2] Mi si perdonerà l'uso al maschile del termine che scelgo per abbreviazione e per evocare un simbolo della nostra cultura, senza alcuna intenzione di dimenticarmi la sua versione femminile. Ricordo inoltre che il mio primo fondamentale maestro fu una donna, Giulia Terzaghi – che ho omaggiato nell'*Ora di lezione* e che ha occupato un posto centrale nella mia vita.

spositivo scolastico, ma è innanzitutto tenuta a testimoniare, nella sua dedizione e nel suo prendersi cura dei processi di formazione dei suoi allievi, il carattere irriducibile ed erotico del desiderio di sapere. Ogni maestro sa fare spazio al non-tutto, alla dimensione generativa della mancanza, sa sostenere la promessa di un godimento affermativo che si può raggiungere lungo la via lunga dell'apprendimento. In questo senso l'incontro con un maestro è sempre un'esperienza della grazia. Non si tratta tanto dell'incontro con un sapere, ma con un desiderio di sapere che rende il sapere stesso un oggetto possibile del desiderio. Il maestro rivela che in ogni apprendimento non si tratta semplicemente di assorbire, acquisire, immagazzinare delle nozioni ma di produrre quelli che Althusser nomina «effetti di soggettività». L'allievo grazie all'incontro con la parola del maestro trova l'occasione non solo per soggettivare il proprio rapporto col sapere, ma per dare forma singolare alla propria vita. L'incontro con un maestro è, infatti, tale solo se favorisce l'incontro dell'allievo con il proprio desiderio. È questa la grazia che il maestro incarna nella sua parola: affinché vi sia formazione – «effetti di soggettività» – è necessaria la trasmissione di questo desiderio di sapere che è a fondamento della possibilità della trasmissione di ogni sapere. In questo senso l'incontro col maestro favorisce la traduzione soggettiva della mancanza di sapere in un desiderio inedito di sapere.

Il lettore potrà vedere come in questo libro il gesto del maestro viene rintracciato attraverso le figure emblematiche della luce e dell'onda. La luce allarga le possibilità della visione; l'onda è l'impatto con il mare che ci costringe a trovare un nostro stile. Ogni maestro è luce e onda nello stesso tempo: allarga l'orizzonte del nostro mondo sospingendoci verso la necessaria soggettivazione del sapere. La figura del maestro è una figura della luce perché mostra l'esistenza di spazi impensati e invisibili e, al tempo stesso, chiarifica quello che all'allievo può apparire inestricabile e incomprensibile. La sua luce confina però sempre col segreto dell'ombra, dell'imperscrutabile, dell'impossibile da dire, col vuoto al centro del sapere. Essa non intende, cioè, illuminare «tutto» poiché mentre illumina salvaguarda il resto oscuro – il «non-tutto» – che è al cuore di ogni illuminazione. La sua opera di chiarificazione non può, dunque, mai, proprio per questa ragione, essere intesa come un'opera di padronanza. Ogni maestro intrattiene un rapporto di amicizia con la mancanza perché non pretende di estinguerla, ma prova invece a renderla ogni volta generativa. Il suo movimento assomiglia a quello dell'onda poiché incarna l'impatto dell'allievo con qualcosa che resiste, con una differenza che non può essere pareggiata, che è incomparabile e che, proprio per questo, ci costringe a trovare un nostro stile singolare. Il movimento dell'onda non può mai infatti essere ricondotto alla immobilità della terraferma. Quello che è stato scolasticamente acquisito deve essere ripreso in modo singolare, riaperto, risoggettivato creativamente, reinventato. Se questi due movimenti – il movimento della luce e quello dell'onda – non sono attivi, il sapere si spegne, si devitalizza, diventa una pappa asfissiante che genera solo anoressia mentale in senso letterale: impossibilità di assimilare il cibo del sapere.

Poi c'è il grande capitolo della Scuola al quale questo libro dedica molta attenzione. È possibile conservare nel suo dispositivo istituzionale la grazia della luce e dell'onda? È possibile non ridurre la sua azione – l'azione della Scuola – a quella di una trasmissione tecnica di saperi piú o meno specializzati per salvaguardare invece il suo compito piú ampiamente formativo che è quello di contribuire in modo decisivo a dare una forma singolare alla vita dei nostri figli? Come può la nostra Scuola non distruggere la dimensione della prova e del merito senza lasciare indietro coloro che corrono piú piano? Come può essere inclusiva senza essere demagogicamente populista? Come si può ancora esercitare il mestiere dell'insegnante in un tempo nel quale le psicotecniche – l'intelligenza artificiale fra tutte – sembra stiano sostituendo la dimensione umana della relazione didattica e dell'incontro? Può infine la Scuola non essere assoggettata dalla logica dell'impresa e della produzione per favorire invece la capacità di pensare e di apprendere in modo criticamente soggettivo? Perché non è questo, alla fine, il vero compito della Scuola: rendere il desiderio di sapere una forma viva della vita?

Noli, giugno 2025.

Capitolo primo

La Scuola-dispositivo e la Scuola-radura

Il dispositivo e la radura.

Possiamo distinguere due diverse anime della Scuola: quella del dispositivo e quella della radura o della luce. Per un verso la Scuola appare come un dispositivo disciplinare, burocratico, grigio che ricicla un sapere spento promuovendo una azione di controllo sociale e di regolazione normativa della vita. Per un altro verso, invece, l'incontro con la Scuola rende sempre possibile l'esperienza dell'aperto, della radura e della luce. È quello che accade ogni volta che la lezione di un maestro genera nei suoi allievi la mobilitazione del loro desiderio di sapere. In questo caso a prevalere non è il carattere anonimo e impersonale del dispositivo, ma la parola del maestro che sa trasmettere ai suoi allievi un sapere vivo, un sapere in grado di allargare l'orizzonte della vita.

Queste due anime non sono evidentemente in una relazione di successione o di alternativa, ma si annodano l'una nell'altra: la Scuola-radura non potrebbe esistere senza la Scuola-dispositivo e, viceversa, se la Scuola-radura riducesse la sua esistenza a quella della Scuola-dispositivo sarebbe la fine della Scuola medesima. È accaduto a molti che mentre facevano esperienza del danno che la Scuola-dispositivo può provocare in una giovane vita affossando ogni desiderio erotico di sapere, facevano, nello stesso tempo e nello stesso luogo, esperienza di un incontro con la forza vitale di un sapere che avrebbe cambiato per sempre la loro vita. A significare che l'esperienza della Scuola è simultaneamente esperienza del dispositivo e della luce della radura. Sono le due anime antitetiche della Scuola che però si danno sempre in un intreccio inestricabile. Sono, se si vuole, l'anima foucaultiana della Scuola-dispositivo e quella heideggeriana della Scuola-radura[1].

Se nella prima il soggetto può sentirsi macinato, tritato, assoggettato o, anche piú comunemente, annoiato di fronte a un sapere senza eros, insipido e del tutto sganciato dalla vita che viene somministrato routinariamente, nella seconda il sapere può assumere invece la forma di un incontro erotico che rompe l'automatismo anonimo del dispositivo introducendo in esso la potenza sovversiva – il fuoco acceso – del desiderio[2]. Non a caso Heidegger quando tematizza la figura della radura – della *Lichtung* – fa riferimento a un chiarore, a una apertura imprevista che si palesa sul sentiero che attraversa il fitto del bosco[3]. Non dovremmo infatti mai sottovalutare la dimensione della sorpresa implicata in questa seconda anima della Scuola. Se il sentiero che percorre il fitto del bosco può essere assimilato alla fatica e alla pazienza che lo studio esige, la radura che si apre all'improvviso interrompendo l'oscurità nella quale camminavamo contiene la luce che proviene dalla parola del maestro e che sa rendere nuovo e vivo il sapere che trasmette. Se la Scuola-dispositivo tende a ridurre il sapere a un elemento anonimo dell'apparato, a un insieme di segni sganciato dalla vita vera, la Scuola-radura rivela invece, proprio nelle pieghe stesse di quel dispositivo, che il sapere non è affatto separato dalla vita ma un modo per incontrare la sua forza e per ampliare il suo orizzonte. È questo a mio giudizio uno dei compiti

[1] Sviluppo qui in via del tutto personale questa distinzione proposta in modo estemporaneo da Riccardo Massa. Cfr. R. Massa, *Cambiare la Scuola. Educare o istruire?*, Laterza, Roma-Bari 1997, pp. 118 e 120.

[2] Cfr. Recalcati, *L'ora di lezione* cit.

[3] Cfr. M. Heidegger, *Sentieri interrotti*, trad. it. di P. Chiodi, La Nuova Italia, Firenze 1984.

fondamentali di ogni insegnamento: mostrare che il sapere non è lontano o separato dalla vita, ma che può essere simile a un fuoco che accende la vita, che può essere ciò che rende la vita piú viva.

Il sogno delle pepite d'oro.

In un sogno molto toccante un giovane e brillante studente afflitto, da quando ha iniziato i suoi studi universitari, da delle evidenti difficoltà di apprendimento che gli impediscono di sostenere i suoi esami, si trova in un'aula della sua Università mentre attorno a sé tutti i suoi compagni sono addormentati con la testa reclinata sui banchi. Il suo attuale professore commenta con voce monotona delle slide insignificanti. A un certo punto la grande finestra dell'aula si apre e un vento impetuoso interrompe la sua spiegazione costringendo tutti i presenti a svegliarsi di soprassalto. Il professore spaventato scappa dall'aula mentre tra gli allievi regna un grande sconcerto. Allora al posto delle slide appaiono delle immagini cinematografiche nelle quali il paziente bambino trova delle pepite d'oro nella bocca di un suo vecchio professore delle medie. Estraendole nota che il professore non è morto, come invece pareva, ma sta ritornando in vita. Anche in questo caso, come in quello del vento impetuoso, gli studenti reagiscono con una grande paura che costringe il mio paziente a risvegliarsi bruscamente.

Questo giovane studente universitario aveva avuto nelle scuole medie un professore di italiano che aveva saputo appassionarlo allo studio. Ma la scelta universitaria, fortemente condizionata dai suoi genitori, era ricaduta su di una facoltà scientifica. Quel sapere morto che faceva fatica ad assimilare nella sua vita di studente era rappresentato dal sonno profondo nel quale si trovavano tutti i suoi compagni durante la lezione. L'oro era, infatti, rimasto nella bocca del suo antico professore. L'indicazione che emerge dal sogno è che solo recuperando quell'oro avrebbe potuto ridare vita al tesoro che aveva ricevuto dal suo insegnamento. La luce che proviene dalle pepite trattenute nella bocca del maestro contrasta con l'atmosfera tetra e polverosa dell'aula. È però necessaria un'operazione attiva di estrazione perché il vecchio professore non può piú parlare. È, infatti, solo il gesto del bambino-studente a poter ridare vita piena a quelle parole, a fare risorgere il vecchio maestro che pareva morto. Si tratta di una sorta di maieutica rovesciata che obbliga il soggetto a riportare in vita il maestro che custodisce la pepita d'oro del suo desiderio di sapere. Il carattere ripetitivo e plumbeo del discorso universitario lascia cosí il posto al fremito, anche pauroso, di un ritorno alla vita del sapere. Il maestro non è morto ma la sua vita dipende da un gesto dell'allievo capace di non disperdere il tesoro dell'insegnamento ricevuto. Si dovrebbe qui aggiungere come il rapporto con il padre scienziato sia stato vissuto dal mio paziente sotto il segno di una grande idealizzazione che ha però nutrito una forte ambivalenza nei confronti del sapere. La passione per le materie umanistiche era stato il suo modo per aprirsi un varco singolare di fronte al sapere apparentemente senza mancanze del padre. Il suo vecchio professore aveva incarnato la possibilità di una eredità generativa, non ridotta alla identificazione idealizzante e, dunque, inevitabilmente inibitoria, con un padre che non aveva dato alcun diritto di cittadinanza alla mancanza e al desiderio di sapere.

Il paradosso della Scuola.

La tensione che mantiene in rapporto l'anima della Scuola-dispositivo con l'anima della Scuola-radura è un paradosso che si situa al cuore della vita della Scuola e che ogni insegnante conosce bene: la parola del maestro e, dunque, l'esperienza della radura e della luce, può avvenire, giocoforza, solo all'interno di un dispositivo che per sua natura tenderebbe invece a rendere impossibile proprio quella parola. Si tratta di un vero paradosso: non c'è radura possibile senza assoggettamento al dispositivo, sebbene l'assoggettamento al dispositivo rischi di compromettere la possibilità della radura. Non possiamo però concepire la radura come una semplice fuga da questo assoggettamento. La Scuola-dispositivo non può essere separata dalla vita comunitaria della Scuola stessa. Gli orari, i calendari, i programmi, le valutazioni, le prove ecc., definiscono l'esistenza sovraindividuale del dispositivo che struttura la vita di una intera comunità. Si tratta allora di vedere come nel campo chiuso e anonimo del dispositivo vi sia sempre qualcosa di irriducibile al dispositivo stesso. Esiste, infatti, uno scarto, una faglia, un'apertura interna alla Scuola-dispositivo dalla quale può sempre filtrare la luce. È proprio l'esistenza di questa apertura che impedisce al dispositivo di richiudersi su se stesso, di essere autosufficiente, di escludere l'esperienza della luce. Infatti, l'esistenza del dispositivo non avrebbe alcun senso se non implicasse la possibilità di incontrare la dimensione imprevedibile della radura. La tensione permanente tra la Scuola-dispositivo e la Scuola-radura caratterizza la vita della Scuola come una oscillazione instabile tra chiusura e apertura, tra esperienza della costrizione ed esperienza della libertà, tra ripetizione dello Stesso e incontro con il Nuovo.

Il dispositivo e il non-tutto.

Esaminiamo piú nel dettaglio la Scuola-dispositivo. Agamben definisce il dispositivo come ciò che imprime sulla vita un orientamento, una direzione, un modellamento che finisce per assoggettare la vita stessa a un'istanza a essa esterna[4]. Da questo punto di vista, nessuna vita umana può sottrarsi, come direbbe Lacan, al dispositivo del discorso dell'Altro. Tutti noi, prima ancora di andare a Scuola, siamo presi in una molteplicità di dispositivi. Innanzitutto da quello del linguaggio. Tale dispositivo non implica solo una dimensione inaggirabile di alienazione, ma una delimitazione necessaria anche se traumatica della nostra vita. La dimensione della Scuola-dispositivo risulta infatti essenziale per introdurre un taglio sulla pretesa narcisistica di ogni allievo di essere «il solo» o «l'unico». Castrare simbolicamente il narcisismo dell'Ego e la spinta della pulsione a raggiungere un godimento immediato definisce infatti uno dei presupposti fondamentali del processo di umanizzazione della vita. È, infatti, solo l'esistenza del dispositivo – innanzitutto del dispositivo famigliare – a introdurre la vita all'esperienza del limite. È questa la funzione che Lacan attribuisce alla Legge della castrazione simbolica: è necessario che la vita del figlio incontri la Legge del non-tutto che rivela che il godimento incestuoso del tutto è impossibile, affinché questa vita possa aprirsi alla Legge del desiderio[5].

Il dispositivo della Scuola non è dunque solo il luogo dello spegnimento della vita, della sua costrizione repressiva, del suo assoggettamento, come direbbe Foucault, ma è anche quello dove la vita fa esperienza decisiva del non-tutto. È il rapporto stringente che sussiste tra l'esistenza dell'istituzione e quella del limite: ogni istituzione svolge una funzione nella formazione della vita umana in quanto impone innanzitutto un limite al godimento immedia-

[4] «Qualunque cosa abbia in qualche modo la capacità di catturare, orientare, determinare, intercettare, modellare, controllare e assicurare i gesti, le condotte, le opinioni e i discorsi degli esseri viventi» è un dispositivo. È questa una definizione precisa del dispositivo che si trova in G. Agamben, *Che cos'è un dispositivo?*, nottetempo, Roma 2006, pp. 21-22.

[5] Cfr. J. Lacan, *Sovversione del soggetto e dialettica del desiderio nell'inconscio freudiano*, trad. it. di G. B. Contri, in Id., *Scritti*, Einaudi, Torino 1976, vol. II, p. 830.

to della pulsione. È il principio di fondo su cui si regge la vita di una comunità: è necessario porre un argine al godimento individuale poiché, appunto, non-tutto è possibile. È questo il punto cruciale messo in rilievo giustamente da Lacan: l'istituzione è ciò che frena il godimento individuale e la sua primordiale tendenza al soddisfacimento immediato rendendo cosí possibile la vita di una comunità[6]. È l'omologia di fondo del dispositivo con un aspetto cruciale del codice paterno: ogni istituzione per poter esistere come un soggetto collettivo deve frenare la spinta individuale del godimento immediato[7]. È la definizione che Hegel dà del lavoro umano: «appetito tenuto a freno»[8].

La Scuola come istituzione costituisce un primo fondamentale trattamento simbolico della forza della pulsione nella misura in cui non reprime quella forza – è ai miei occhi l'errore di lettura in cui incappa ogni ideologia libertaria e anti-istituzionale[9] –, ma agisce per dare a quella stessa forza una forma singolare. Il processo di soggettivazione non è altro da questo: *come la forza della pulsione può acquisire una forma*. Infatti, senza l'esperienza del limite che la Scuola rende possibile la vita collettiva sarebbe semplicemente impossibile collassando in una forza senza forma.

[6] Cfr. Id., *Allocuzione sulle psicosi infantili*, in Id., *Altri scritti*, a cura di A. Di Ciaccia, Einaudi, Torino 2013, pp. 359-60. Un mio ampio commento di questa tesi si trova in M. Recalcati, *Il vuoto e il fuoco. Per una clinica psicoanalitica delle istituzioni*, Feltrinelli, Milano 2024. Un ripensamento delle istituzioni in senso non foucaultiano si può leggere in R. Esposito, *Pensiero istituente. Tre paradigmi di ontologia politica*, Einaudi, Torino 2020; e Id., *Istituzione*, il Mulino, Bologna 2021.

[7] Sul concetto di codice paterno, applicato al campo istituzionale, rinvio a Recalcati, *Il vuoto e il fuoco* cit., in particolare pp. 30-47.

[8] G. W. F. Hegel, *La fenomenologia dello spirito*, trad. it. di E. De Negri, La Nuova Italia, Firenze 1973, p. 162.

[9] Essa trova una sua base filosofica esemplare nelle tesi di Herbert Marcuse, laddove interpreta l'azione civilizzatrice dell'istituzione come una violenza anti-erotica, finalizzata a reprimere, appunto, la forza della pulsione. Cfr. H. Marcuse, *Eros e civiltà*, trad. it. di L. Bassi, Einaudi, Torino 2001.

Il lutto dell'Uno.

La Scuola-dispositivo impone un limite al narcisismo dell'Io e alla tendenza della pulsione a ottenere un soddisfacimento immediato. È questa una sua funzione traumaticamente benefica. Al tempo stesso essa non sembra fatta però per ospitare la parola del maestro perché questa parola in se stessa non può essere contenuta in nessun dispositivo. La sua funzione è infatti simile a quella della luce e non a quella di un ingranaggio. L'azione del maestro è sempre anti-scolastica in quanto va in direzione contraria rispetto a un uso solo conformistico del sapere, alla sua irreggimentazione cognitiva, dunque a ogni dispositivo costrittivo. Lo ricorda bene Gilles Deleuze quando ci offre un ritratto sintetico del suo maestro – Jean-Paul Sartre – attribuendogli giustamente un carattere extra-scolastico ed extra-accademico, assimilandolo a una «corrente d'aria». La forza del maestro rompe, infatti, i meccanismi anonimi del dispositivo istituzionale mostrando la sua esteriorità rispetto a ogni spinta ad addomesticarne la parola e spegnerne il desiderio. In questo senso se ogni maestro non può non essere in una Scuola, ogni maestro è anche sempre fuori da ogni Scuola, si mantiene in una posizione di esteriorità interna – *extima*[10] – a ogni dispositivo scolastico. Posizione *extima* significa che pur essendo dentro il dispositivo, ogni maestro ne risulta anche eccentrico, irriducibile, come se fosse una «esteriorità interna» o, se si preferisce, una «intimità esteriore»[11]. Il suo compito è, infatti, sempre quello di liberare il sapere dai lacci della sua scolarizzazione. Nondimeno questa liberazione non può che avvenire attraverso il sapere. Non si tratta, dunque, di contrapporre semplicemente la luce del maestro al

[10] Cfr. J. Lacan, *Il seminario. Libro VII. L'etica della psicoanalisi 1959-1960*, a cura di A. Di Ciaccia, Einaudi, Torino 1997, p. 177.

[11] *Ibid.*, p. 128.

carattere anonimo del dispositivo, ma di verificare come il maestro porti ossigeno, aria pura, respiro dentro questo dispositivo producendo degli effetti di soggettivazione che non possono appartenere alla volontà impersonale del dispositivo stesso.

Scrive Deleuze:

> Per fortuna c'era Sartre. Sartre era il nostro Fuori, funzionava davvero come riscontro d'aria [...] Fra tutte le possibilità della Sorbona, era lui la combinazione unica che ci dava la forza di sopportare il nuovo riordinamento. E Sartre era sempre stato cosí, non un modello, un metodo o un esempio, ma un po' d'aria pura, una corrente d'aria anche quando arrivava dal Café Flore, un intellettuale che mutava la situazione dell'intellettuale [...] c'era troppo metodo, imitazione, commento, interpretazione, salvo da parte di Sartre[12].

Anche nel sogno del mio paziente, la parola del maestro prende inizialmente le forme di un forte vento che costringe la grande finestra del dispositivo scolastico ad aprirsi ridestando dal loro sonno gli studenti. Ma in quel caso, diversamente dal Sartre di Deleuze, il vento non incarna il Fuori poiché accade dentro il dispositivo. È quello che ogni insegnante può testimoniare nella sua pratica didattica. La regolarità immobile, disciplinare e burocratica, il tran tran generato dal dispositivo può essere sempre scosso dalla parola luminosa del maestro. Se Foucault nelle sue analisi sul concetto di dispositivo accentua l'aspetto del disciplinamento e del controllo sociale esercitato dalla Scuola mettendo in evidenza la sua presa repressiva e, al tempo stesso, plasmatrice della soggettività[13], bisognerebbe sempre ricordare che la Scuola non

[12] G. Deleuze e C. Parnet, *Conversazioni*, trad. it. di G. Comolli, ombre corte, Verona 2006, p. 18.

[13] La Scuola moderna troverebbe secondo Foucault la sua matrice piú propria nel regime carcerario: sorveglianza e normalizzazione scandiscono la vita della Scuola come quella di una prigione. Di qui, per esempio, la sua versione estremamente riduttiva della Scuola a una esperienza di «esame ininterrotto» (p. 209) che fissa gli allievi in una condizione in una rete di «scritturazioni» (p. 207) che ha come effetto la loro captazione disciplinare. Da questo punto di vista la tecnica che presiede la Scuola non è diversa

implica solo un'esperienza di assoggettamento della vita a un potere che la trascende, ma è un anche luogo primario di formazione della vita stessa. Solo se il soggetto sperimenta il limite e il non-tutto che ne scaturisce, può fare il lutto di un Io che esige di essere tutto, dunque che non assume la castrazione simbolica imposta dalla vita di una comunità. Il lutto dell'Uno-tutto è, infatti, necessario affinché si realizzi l'esperienza plurale del Due che è al centro di ogni esperienza istituzionale compresa quella della Scuola[14]. Si tratta di una castrazione simbolica necessaria alla vita individuale affinché possa fare esperienza dell'*eteros* senza porsi come, appunto, il centro di tutto.

Istituzionalizzazione.

Nondimeno se la Scuola coincidesse totalmente con la sua anima-dispositivo escludendo l'anima-radura saremmo di fronte a un fatale processo di istituzionalizzazione dell'istituzione nel senso propriamente basagliano del termine. Smarrendo la sua anima-radura, la Scuola diventerebbe un luogo di puro controllo sociale e di ina-

da quella della fabbrica o della prigione. La figura del maestro si riduce cosí a quella di un mero sorvegliante. Non c'è nella Scuola ridotta a dispositivo disciplinare né luce, né radura, né onda. Solo il carattere disumano dello sguardo panoptico. Al suo centro il «potere della Norma» secondo il quale «il normale si instaura come principio di coercizione nell'insegnamento con l'introduzione di una educazione standardizzata e con l'organizzazione di scuole normali» (p. 201): cfr. M. Foucault, *Sorvegliare e punire*, trad. it. di A. Tarchetti, Einaudi, Torino 1976, in particolare la parte terza, *Disciplina*, pp. 147-247. Seguendo la linea di questa tesi, che per certi versi anche il Pasolini corsaro potrebbe, almeno in parte, condividere, la scolarizzazione obbligatoria si rivelerebbe non come un fattore di emancipazione necessario, ma niente di meno che la creazione di una massa governabile, sottoposta a un regime di normalizzazione, e l'educazione stessa finirebbe, di conseguenza, per essere concepita solo come un esercizio repressivo e disciplinare finalizzato a estirpare la possibilità della divergenza del pensiero critico. Ogni insegnante nella sua pratica smentisce quotidianamente l'analisi di Foucault.

[14] È quella che presiede il codice di fratellanza o di sorellanza come codice affettivo inconscio imprescindibile per la vita di ogni istituzione. Cfr. Recalcati, *Il vuoto e il fuoco* cit., pp. 56-70; cfr. anche Id., *Uno diviso due. Fratelli e sorelle*, Feltrinelli, Milano 2025.

ridimento della vita anziché il luogo elettivo della sua formazione[15]. Allora, in questi casi, la «profezia» foucaultiana si realizzerebbe appieno: la Scuola sarebbe l'erede piú proprio delle carceri e delle fabbriche. L'intelligenza verrebbe ridotta al principio di prestazione, a dare prova costante della sua normalità inoffensiva. La scolarizzazione coinciderebbe con la soppressione del pensiero divergente e si imporrebbe come potere della Norma. È questa la tendenza di ogni scolastica: normalizzazione, esclusione del difforme, codificazione, militarizzazione della conoscenza, annientamento di ogni pensiero che si discosta dal già saputo.

Ricordo la madre di un giovane paziente che soffriva di pensieri compulsivi che riguardavano la sua morte e quella dei suoi cari, implorarmi angosciata: «Faccia qualcosa dottore, la prego, faccia in modo che smetta di pensare!» Il ritorno alla normalità veniva invocato letteralmente come soppressione *tout court* del pensiero. È la stessa cosa che può accadere a Scuola quando il sapere scolastico assume le forme di un annichilimento del pensiero soggettivo. In questi casi, come ha scritto lucidamente Adorno,

> il pensiero degenera nella soluzione dei compiti assegnati [...] diventa un allenamento alla soluzione di ogni sorta di esercizi. Considera i suoi oggetti come dei semplici ostacoli, come un test permanente del proprio essere-in-forma [...] cosí l'attività intellettuale si polarizza nell'inventario del noto e nel test dell'intelligenza: ogni pensiero diventa un quiz dell'informazione o dell'attitudine[16].

[15] L'istituzionalizzazione – come ha mostrato il lavoro di Basaglia sull'istituzione manicomiale – è una malattia specifica di ogni istituzione, Scuola compresa. Essa consiste in un irrigidimento mortifero dell'istituzione che smarrisce il suo legame con la sua funzione vitale di fondo per generare fenomeni di alienazione che contraddicono la sua ispirazione originaria. Cfr. F. Basaglia, *Potere e istituzionalizzazione. Dalla vita istituzionale alla vita di comunità*, in Id., *Scritti*, vol. I. *1953-1968. Dalla psichiatria fenomenologica all'esperienza di Gorizia*, Einaudi, Torino 1981.

[16] T. W. Adorno, *Minima moralia. Meditazioni della vita offesa*, trad. it. di R. Solmi, Einaudi, Torino 1979, pp. 235-36.

Il punto è che, diversamente da quello che pensa Foucault, nessuna Scuola-dispositivo potrà mai sopprimere l'esistenza della Scuola-radura salvo trasformare la Scuola stessa in una pura organizzazione carceraria. Lo racconta a suo modo un film divenuto cult come *L'attimo fuggente* (1989), dove in una Scuola ispirata a un codice paterno deformato e ridotto alla trasmissione dell'ideale disciplinare dell'obbedienza ai valori della tradizione, un professore – il mitico professor Keating interpretato da uno straordinario Robin Williams – porta con sé la potenza anarchica e sovversiva del desiderio di sapere.

Per quanto il dispositivo della Scuola tenda a ridurre il sapere a una ripetizione anonima di slide prive di vita, l'esperienza della radura e della luce è, in realtà, sempre possibile. La chiusura del dispositivo su se stesso per quanto possa imporsi come una tendenza egemonica o prevalente non potrà mai realizzarsi in modo integrale perché la struttura stessa del sapere implica che il suo centro sia vuoto – spazio della radura –, impossibile da saturare una volta per tutte. In effetti, non può esistere un dispositivo scolastico in grado di trasformare il sapere in un cimitero senza vita perché nella struttura stessa del sapere è implicata una mancanza, una impossibilità di sigillare la propria chiusura.

La Scuola-radura introduce in seno alla Scuola-dispositivo – come abbiamo visto a proposito del sogno dello studente universitario con difficoltà di apprendimento – la pepita d'oro della luce. La funzione della Scuola-dispositivo tende, per un verso, a contrastare questa esperienza, ma, per un altro verso, l'esistenza stessa di quel dispositivo che chiamiamo Scuola non può prescindere da quella esperienza. È il paradosso che abbiamo già segnalato essere al centro della vita della Scuola: la sua anima-dispositivo tende a mortificare la vita, mentre la sua anima-radura tende, al contrario, a esporre la vita all'apertura della luce. In gioco, come si vede, è il rapporto della vita col sapere.

Sinora ho voluto sottolineare come il dispositivo non sia solo esperienza dell'annientamento della vita, ma rendendo possibile – giocoforza – l'incontro con il limite, con l'impossibile, con il non-tutto favorisce l'umanizzazione della vita. Nondimeno, come abbiamo accennato, il dispositivo non esercita solo questa funzione traumaticamente benefica poiché può anche irrigidirsi, sclerotizzarsi, istituzionalizzarsi come direbbe Basaglia, sino ad assomigliare all'imposizione di un ordine del tutto contrario alla vita[17]. La disumanizzazione del dispositivo comporta la sua contrapposizione netta alla vita. Il lamento degli studenti in molti casi colpisce nel segno e deve essere preso sul serio: la Scuola diventa una macchina burocratica che anziché contribuire alla formazione della vita e alla trasmissione del sapere semina frustrazione, noia e abbruttimento. È il lato tetro del dispositivo, la sua tendenza all'istituzionalizzazione, come ha mostrato bene Basaglia. In questa situazione il dispositivo non agisce piú come educazione al limite con la finalità di mobilitare il desiderio di sapere del soggetto e di contribuire a dare una forma alla sua vita, ma stronca, abbatte, mortifica il desiderio. Molti studenti lamentano, infatti, di non avere incontrato mai l'anima della Scuola-luce ma solo quella grigia della Scuola-dispositivo. È un grande tema non solo pedagogico ma anche politico: come modificare il funzionamento del dispositivo per fare in modo che non prevalga la tendenza inerte alla sua istituzionalizzazione? Come custodire il fuoco acceso del desiderio di sapere? Come non cadere nella routine tritacarne di un dispositivo asfissiante e senza luce?

[17] In questi casi l'insegnante si trova spesso complice di questa degenerazione. Sono quelli che George Steiner definisce come «i professori distruttori di anime» che impartiscono «un insegnamento scadente, una pedagogia da routine, uno stile di istruzione che è, consapevolmente o meno, cinico nei suoi obbiettivi meramente utilitari» e che si rivelano per i loro studenti come «rovinosi», «distruttori della speranza alla radice». Cfr. G. Steiner, *La lezione dei maestri*, trad. it. di F. Santovetti e S. Velotti, Garzanti, Milano 2013, pp. 9 e 24.

L'incontro col libro.

Il funzionamento del dispositivo non può non avversare la Scuola-radura. Esso, come abbiamo appena visto, può generare effetti di istituzionalizzazione che sono contrari agli effetti di soggettività che è invece compito della Scuola promuovere. Con questa espressione – «effetti di soggettività» – Althusser indicava, infatti, la posta in gioco piú decisiva di ogni processo di formazione[18]. Si tratta di offrire alla vita la possibilità di acquisire la sua forma singolare. L'effetto di soggettività indica la produzione di un sapere nuovo che non ha piú come depositario esclusivo l'Altro poiché è stato generato proprio dal soggetto. Tuttavia, non dobbiamo dimenticare che questo effetto non scaturisce mai dal soggetto stesso, ovvero non può mai prodursi da sé, non si auto-genera, ma diviene possibile solo a partire dall'incontro del soggetto con l'Altro[19]. In fondo non è grazie ai suoi incontri che la nostra vita prende la sua forma singolare? Non siamo forse tutti noi l'effetto degli incontri che abbiamo fatto? O, meglio, non siamo noi stessi fatti da quello che abbiamo fatto di tutti gli incontri che ci hanno fatto?

Tra gli incontri che hanno contribuito a dare forma alla nostra vita vi sono sicuramente i libri che abbiamo letto. Ora, andare a Scuola significa incontrare l'universo dei libri. L'inizio di ogni anno scolastico è segnato, non a caso, immancabilmente, dal loro acquisto. Ancora oggi, sebbene il nostro tempo abbia tendenzialmente sostituito i libri con gli oggetti tecnologici, i nostri figli vanno a scuola con lo zaino pesante, ricolmo di libri. Ma l'esperienza, co-

[18] Cfr. L. Althusser, *Tre note sulla teoria dei discorsi*, in Id., *Sulla psicoanalisi. Freud e Lacan*, trad. it. di G. Piana, Raffaello Cortina, Milano 1994, p. 118.

[19] Ho raccontato l'effetto di soggettività che ha provocato in me l'incontro con Giulia Terzaghi durante il mio tortuoso cammino scolastico in Recalcati, *L'ora di lezione* cit., pp. 129-48.

me alcuni dicono, non vale forse sempre piú di ogni libro? Non dovremmo pensare, come crede il discorso comune, che sia la vita la vera Scuola e che invece la Scuola sia solo una pallida ombra dclla vita?

Contro questa demagogia viscerale che separa la vita dalla Scuola bisognerebbe sempre stare all'erta. Dovremmo imparare a rovesciare la sua facile retorica populista e insistere nel ricordare che la lettura dei libri rende innanzitutto possibile la lettura stessa della nostra esperienza del mondo, dunque della nostra vita. In questo senso Ludwig Wittgenstein ricordava giustamente che i confini del mio linguaggio determinano i confini del mio mondo. Il che significa che tanto piú si arricchisce il mio linguaggio, tanto piú aumenta la mia possibilità di fare esperienza del mondo e tanto piú il mondo allarga il suo orizzonte. Nondimeno, la mia stessa vita diviene piú ricca di vita. È dunque solo una fantasia triviale pensare che il libro sia in una sterile opposizione alla vita. È quello che viene smentito quando un maestro commenta un libro mostrando che non ci sono da una parte i libri e dall'altra la vita, come se i libri costruissero un castello di carta che l'impatto con il mondo reale farebbe immediatamente saltare per aria. Non a caso una continuità semantica evidente collega il «libro» (*lĭbĕr*) a «libero» (*lībĕr*)[20]. La convergenza di queste due parole esalta il carattere irriducibile del libro, la sua prossimità a una vita capace di essere libera. In questo senso nessun libro può avanzare la pretesa di inscatolare il mondo o di sostituirsi alla vita.

Sartre ne *Le parole* confessa che, come per il suo Flaubert, scrivere ha significato per lui, almeno sino a un certo momento della sua esistenza, appropriarsi delle cose, trasfigurare la molteplicità illimitata del mondo in un piccolo e sterile «erbario», rinchiudere la vita nel libro. In questo caso il libro non sembrerebbe piú trasmettere il valore

[20] Cfr. G. Pontiggia, *Leggere*, Lucini, Milano 2004, p. 32.

dell'esperienza, ma pretenderebbe addirittura di sostituire l'esperienza: «scrivere fu per molto tempo un chiedere alla Morte, alla Religione, in forma mascherata, di strappare la mia vita al caso. Fui sacerdote. Militante volli salvarmi per mezzo delle opere [...] Avevo le traveggole. E finché le ebbi, mi ritenni fuori pericolo»[21].

Ogni qualvolta il libro pretende di sostituire la vita, manifesta una violenza fondamentale. Non a caso nei regimi totalitari e religiosi il culto di un solo Libro tende a sopprimere l'universo plurale dei libri. È quello che Hannah Arendt descrive come l'essenza di ogni ideologia: i concetti generali e anonimi di Uomo e di Idea prevalgono sino a cancellare la molteplicità delle esistenze singolari degli uomini reali[22]. Il carattere monologico del Libro si impone in questo caso sulla dimensione plurale della vita. Ma non è forse anche quello di cui spesso si lamentano i nostri figli? La vita della Scuola non coincide affatto con la vera vita, ma la cancella! La vita della Scuola sarebbe una vita falsa – una parvenza di vita – di fronte alla vita vera della vita! E come dare loro torto? Non è forse meglio vivere che leggere? Non è forse meglio la vita vera, di quella offerta da una Scuola sideralmente lontana dalla vita? Ma non è forse proprio in questo snodo cosí tormentato che si gioca una delle partite piú grandi e delle funzioni piú capitali della nostra Scuola?

Presidiare il nesso che lega il libro alla vita, mostrare che la lettura del libro non chiude, ma apre la vita. Non dovrebbe essere un compito fondamentale della Scuola? Dovremmo allora ricordare che con nessuna merce si realizza il guadagno smisurato che comporta l'acquisto di un libro? Con nessuna altra merce il rapporto tra il dare e l'avere appare, infatti, cosí sbilanciato. Quanto può valere la lettura dell'*Odissea* di Omero, del *Sergente nella neve* di

[21] J.-P. Sartre, *Le parole*, trad. it. di L. De Nardis, il Saggiatore, Milano 1982, p. 179.
[22] Cfr. H. Arendt, *Le origini del totalitarismo*, trad. it. di A. Guadagnin, Edizioni di Comunità, Torino 1999, pp. 642-59.

Rigoni Stern o dell'*Interpretazione dei sogni* di Freud? Possiamo davvero in questi casi definire il valore economico di un libro? Non esiste un supplemento di valore del genere capace di scompaginare ogni calcolo economico come quello che appartiene a ogni libro degno di questo nome[23]. Andare verso la Scuola è come andare verso un libro che può rivelarsi come un'avventura capace di interrompere il nostro rapporto canonico con il mondo, capace di mostrarci un'altra faccia – prima invisibile – del mondo cosí come l'incontro con un maestro può essere l'occasione per dare vita a un nuovo mondo. Non è questo un effetto di soggettività?

I libri non sono affatto il contrario sterilizzato della vita – come una cattiva retorica populista-libertaria vuole farci credere – ma possono aprire la vita alla vita, possono ampliarne l'orizzonte. In questo senso il luogo della Scuola resta il luogo decisivo dove accade l'incontro con i libri. Si tratta di un incontro che genera un sapere che conduce al di là del luogo che ha generato quel sapere. Se ci si pensa è il paradosso che accompagna la Scuola come istituzione. Si tratta di un movimento di cui gli insegnanti si fanno ogni volta responsabili. Le formule matematiche, i principî della fisica, le combinazioni della chimica, la conformazione dei territori o delle lingue, le immagini dell'arte o le vicende dei popoli sono saperi che devono servire alla vita e non asservirla. È un sapere che non vale in quanto tale ma solo negli effetti di soggettività che è in grado di generare. Non tutti i libri, ovviamente, provocano lo stesso entusiasmo. Ma l'incontro con un libro è tale solo quando il libro diventa un oggetto capace di causare nel suo lettore un nuovo desiderio di sapere. Quando accade? Quando ci si sente presi dal libro, quando il libro ci consente di fare esperienza di una parte profonda di noi

[23] Il mio elogio del libro si trova per esteso in M. Recalcati, *A libro aperto. Una vita è i suoi libri*, Feltrinelli, Milano 2017.

stessi, quando risveglia in noi una eco lontana, quando ci parla o quando accende in noi una curiosità prima sconosciuta. Nondimeno, i cosiddetti programmi scolastici, suddivisi per discipline, non possono assicurare l'evento dell'incontro con un libro perché un incontro come tale è proprio ciò che, nella sua contingenza imprevista, scompagina ogni programma. È questo un compito fondamentale del maestro: testimoniare che i libri possono essere vera vita e non solo la sua ombra esangue. Ancora una volta è chiamato in causa il desiderio di sapere del maestro come forza che può mettere in moto il desiderio dell'allievo. Non si tratta tanto di spiegare il libro ma di mostrare che c'è stato incontro con un libro e che questo incontro ha lasciato un segno. Quando un maestro parla, parlano i segni che l'incontro con i libri decisivi per la sua vita hanno lasciato in lui. Non si tratta allora, in questo senso, di spiegare il libro ma di testimoniare che un libro può essere stato un incontro. È questo a differenziare la parola di un maestro da quella di un semplice burocrate del sapere. Nel primo c'è stata esperienza del libro come incontro, nel secondo questa esperienza non viene testimoniata ma abolita come possibilità perché il libro è divenuto un corpo morto. È solo se il maestro parla dal luogo del suo incontro col libro che la sua parola diviene credibile ed efficace. In questo senso ogni libro è un incontro d'amore che, come ogni incontro d'amore, ha reso la vita differente da com'era prima. Allora la vita e il sapere non appaiono piú come due mondi paralleli destinati a non incrociarsi mai, ma si annodano nella testimonianza del maestro. È quello che il giovane Camus racconta nel suo romanzo autobiografico titolato *Il primo uomo* descrivendo il suo maestro:

> No, la Scuola non offriva soltanto un'evasione dalla vita in famiglia. Almeno nella classe del signor Bernard, appagava una sete ancora piú essenziale per il ragazzo che per l'adulto, la sete della scoperta. Certo anche nelle altre classi si insegnavano molte cose, ma un po' come s'ingozzavano le oche. Si presentava un cibo pre-

confezionato e s'invitavano i ragazzi ad inghiottirlo. Nella classe del signor Bernard, per la prima volta in vita loro sentivano invece di esistere e di essere oggetto della piú alta considerazione: li giudicava degni di scoprire il mondo[24].

Aprire un libro.

Contro la videocrazia imperante l'educazione alla lettura del libro resta la pietra angolare di ogni Scuola. La morte clinica del libro, annunciata con gioia da certi cantori estremisti della cultura digitale, trascura di considerare il fatto che senza educazione alla sua lettura ogni didattica risulterebbe semplicemente impossibile. L'apertura del libro e la sua lettura dovrebbero essere i gesti fondativi di ogni buona Scuola. Il che comporta l'emancipazione da criteri di valutazione rigidamente quantitativi. L'educazione alla lettura è infatti, innanzitutto, educazione alla singolarizzazione divergente del sapere, dunque all'effetto di soggettività che essa promuove. È il fondamento umanistico irrinunciabile della nostra cultura che oggi rischiamo di dimenticare attratti dalle illusioni scientiste che hanno sospinto di fatto negli ultimi anni la nostra Scuola verso l'azienda e l'impresa snaturando la sua vocazione autenticamente formativa.

L'importazione di lemmi economicistici (debiti, crediti, *assessment* ecc.), unita alla colonizzazione della lingua inglese nei confronti della nostra lingua, non sono sintomi marginali ma rivelano la subordinazione a una «neolingua» che ha smarrito ogni spessore enigmatico. Si tratterebbe al contrario di contrastare duramente l'idea maligna che si è affermata negli ultimi anni che la Scuola sia da pensare e da organizzare come se fosse un'azienda. Il peso sempre piú ingombrante della burocrazia schiaccia anche gli en-

[24] A. Camus, *Il primo uomo*, trad. it. di E. Capriolo, Bompiani, Milano 2020, p. 134.

tusiasmi dei migliori insegnanti. Siamo convinti davvero che una Scuola efficiente sia quella che nutre un sapere tecnico-specializzato e che il criterio che ne deve valutare l'efficacia sia quello meramente produttivo? È normale che una Scuola che a parole è considerata come il centro di ogni possibile avvenire collettivo abbia proletarizzato drasticamente i suoi lavoratori sottoponendoli a ogni genere di umiliazioni? Sono queste solo alcune delle innumerevoli domande che andrebbero poste per ripensare dai piedi la nostra Scuola e la sua vocazione sociale[25]. Anziché rincorrere in un inseguimento farsesco, nel lessico e nell'impostazione teorica, i modelli anglosassoni della didattica che sembra assicurino un ideale compiuto di scientificità e di efficientismo empirista, dovremmo invece rivolgere lo sguardo ai nostri grandi padri, alle radici piú classiche della nostra straordinaria cultura, dovremmo non dimenticare mai di essere seduti sulle spalle di giganti. Perché, come spesso accade, un autentico sforzo di innovazione implica sempre una ripresa originale della tradizione dalla quale si proviene. Senza questo sforzo e senza questa ripresa finiremo per fare indossare alla nostra Scuola i panni logori di un vecchio amore la cui presenza scontata demolisce il desiderio anziché generarlo.

Gli insegnanti dovrebbero difendere il carattere epico della parola, dovrebbero rifiutarsi di ridurre la sua dimensione a quella di un utensile tra gli altri al servizio dello scambio comunicativo ricordando che è solamente la Legge della parola a rendere la vita umana. È la grande lezione della Torah: le parole non si limitano a nominare le cose che già esistono, non sono strumenti pragmatici al servizio della comunicazione, ma rivelano le cose all'es-

[25] Bisognerebbe incalzare chi si occupa da una vita di Scuola a mettere a disposizione la propria esperienza, che questa esperienza sia riconosciuta dai nostri governanti come essenziale per provare a situare, non solo retoricamente, la Scuola al centro del nostro futuro. Mai come oggi servirebbero degli autentici Stati generali della Scuola, composti da soggetti (dirigenti scolastici e insegnanti) che sanno di cosa si parla perché hanno dedicato la loro vita alla Scuola.

sere, le fanno letteralmente esistere[26]. Il linguaggio non è solo uno strumento di comunicazione, ma il tessuto fondamentale di cui è costituita la forma umana della vita. Esso non si limita a trasmettere informazioni, ma è il luogo nel quale la vita si umanizza. Le parole non sono né «aria fritta», come sosteneva un mio paziente tossicomane, né meri strumenti che veicolano informazioni. Esse portano invece con loro stesse quella Legge che rende la vita davvero umana. Non sono, infatti, gli esseri umani che parlano il linguaggio ma è, innanzitutto, il linguaggio che rende possibile la parola. È questa l'anima piú profonda della Scuola-radura: il linguaggio non può essere confuso con uno strumento tra gli altri perché, come indica Heidegger, è luogo di illuminazione, di apertura, è orizzonte, casa, radura (*Lichtung*)[27].

Se la Scuola non recupera la forza verticale della parola e la sua Legge, essa resterà mutilata nel suo fondamento. Impresa titanica ma decisiva in un mondo che disprezza sistematicamente questa Legge insabbiando e misconoscendo la sua vocazione profetica. Ecco perché sostengo – anacronisticamente – l'importanza della *lectio ex cathedra*. È solo la testimonianza dell'insegnante e della sua parola che può accendere (o spegnere) il desiderio di sapere negli allievi. Non c'è educazione alla lettura, non c'è, dunque, educazione in senso ampio, se non c'è la parola di un maestro. Ecco un'altra semplice verità che l'iper-cognitivizzazione tecnologica attuale del sapere vorrebbe rimuovere magari immaginando una Scuola senza maestri, ridotta all'attivazione impersonale di macchine, all'accumulazione e alla generazione artificiale dell'intelligenza.

[26] Cfr. M. Recalcati, *La Legge della parola. Radici bibliche della psicoanalisi*, Einaudi, Torino 2022.

[27] Cfr. M. Heidegger, *In cammino verso il linguaggio*, a cura di A. Caracciolo, Mursia, Firenze 1973.

Un maestro entra in aula.

Bisognerebbe che a Scuola si trattasse ogni libro come se fosse, nello stesso tempo, una luce e un'onda. È quello che ho visto fare a Franco Fergnani ogni volta che entrava in aula. Il libro si rivelava grazie al suo commento come una luce e un'onda. La sua parola illuminava il testo ma, al tempo stesso, ogni volta sapeva anche renderlo impetuoso come un'onda che nessun commento poteva mai domare del tutto. Se invece il maestro non sa testimoniare alcun desiderio di sapere, il sapere stesso non può che apparire come un peso morto: il libro si chiude, non c'è né luce né onda.

Ogni libro è fatto di parole, ma non dobbiamo dimenticare che le parole sono anche la materia prima di cui noi siamo fatti. Per questo la letteratura, piú di ogni altra arte, può piú facilmente rendere l'incontro con un libro indimenticabile. La verità che ci concerne, come insegna forse per primo Agostino nelle sue *Confessioni*, non può mai essere accostata se non a partire da un movimento di ripiegamento su noi stessi, dall'incontro con qualcosa che, disturbandoci o seducendoci, ci tocca intimamente. È l'idea che sostengo da tempo: non siamo noi a leggere il libro perché è il libro che in realtà ci legge[28].

Per questa ragione la Scuola non è solo il luogo dove si leggono e si studiano dei libri, ma dove il libro assume il valore di un vero incontro, di un oggetto capace di causare il desiderio del soggetto. In questo senso ogni buona Scuola è tale se al suo fondo è anti-scolastica, se agisce contro se stessa[29]. Il sapere che diventa scolastico diventa, infatti, un sapere spento perché si limita alla sua riproduzione inerte senza considerare la necessità della sua soggettivazione. Si tratta di un sapere senza desiderio, dun-

[28] Cfr. Recalcati, *A libro aperto* cit.

[29] È questo un tema sviluppato radicalmente da J. Rancière, *Il maestro ignorante*, a cura di A. Cavazzini, Mimesis, Milano-Udine 2008.

que impermeabile all'evento dell'incontro. Il compito degli insegnanti è invece sempre quello di tutelare la forza misteriosa del libro, il suo assomigliare ogni volta alla luce e all'onda. È per questa ragione che la Scuola dovrebbe essere un antidoto laico nei confronti di ogni scolastica. Il che significa, innanzitutto, impedire di fare del libro la foglia morta di un erbario impolverato, ma insistere sulla somiglianza profonda che lo lega alla potenza della luce e dell'onda. Nel suo commento al testo filosofico Franco Fergnani mescolava sempre la chiarezza della sua parola, limpida come acqua di fiume, con un movimento quasi di sprofondamento nelle pieghe piú profonde del testo. La dimensione cartesiana della spiegazione non pregiudicava mai il vortice che la sua parola faceva emergere ogni volta dal libro. Rasente alle mura, la sua sagoma appariva nei chiostri della Statale come una figura solitaria ed eccentrica. Entrava in aula quasi catapultato da una strana forza. Posava la sua borsa strapiena di libri sulla cattedra prima di sedersi. L'aula era sempre stracolma di studenti che lo attendevano. Si faticava a trovare posto. Quando prendeva non senza una incertezza iniziale la parola, rapidamente calava un silenzio assoluto. L'andamento della lezione era sempre, metodicamente, spiraliforme. Fergnani prima scolpiva un concetto davanti a noi evidenziandone la struttura grossolana, poi entrava sempre piú nel dettaglio con un estro da cesellatore. L'avanzamento del suo pensiero non era mai linearmente progressivo: riprendeva e ritornava ogni volta su ciò che aveva spiegato. Era la maestria unica, inconfondibile della sua profonda dedizione alla didattica. I concetti diventavano limoni che con movimenti precisi e ripetuti spremeva sino all'ultima goccia. Ma la luce della sua parola e del suo ragionamento non si separava mai dall'evocazione di un fondo che si sottraeva a ogni esercizio di padronanza. La sua parola portava la luce ma, insieme alla luce, indicava l'orizzonte dove la luce non sarebbe mai potuta arrivare.

Capitolo secondo

Cos'è un maestro?

Polvere di gesso.

L'illusione dell'autoformazione è una illusione perversa che afferma una autonomia del soggetto che vorrebbe prescindere completamente dall'Altro. Diversamente, in ogni processo di formazione il soggetto deve passare dall'Altro anche se per farne successivamente a meno. L'esperienza della Scuola conferma questa verità: non esiste didattica senza rapporto del soggetto con l'Altro. Ma con quale Altro? Con un maestro-educatore che avanza la pretesa di conoscere il bene e la giusta via per i suoi allievi o di essere padrone di un sapere oggettivo e codificato una volta per tutte?

In questo caso il Maestro-educatore nel suo esercizio di padronanza e nella sua esemplarità idealizzata prolungherebbe la funzione disciplinare del dispositivo sin nelle pieghe piú intime del soggetto. L'incontro necessario con l'Altro non implica affatto l'identificazione all'Altro assunto come modello ideale. Il maestro, come vedremo meglio in seguito, non incarna l'ideale di un sapere senza mancanza, compatto, esemplare appunto, ma si offre esso stesso nella sua mancanza costitutiva testimoniando che non si può mai sapere tutto il sapere, che esiste una faglia, un vuoto interno al sapere che non può essere suturato. I maestri che invece si pongono come esemplari diventano, come accade fatalmente anche per i genitori che compiono lo stesso errore coi loro figli, degli incubi per i loro allievi. In questo senso un maestro lavora sempre contro se stesso e contro i processi di idealizzazione che inevitabilmente lo investono. Per questo la vera eredità di un maestro non consiste mai nella monumentalizzazione idolatrica del suo insegnamento ma in un resto che resiste, in un piccolo tratto, in qualcosa che non possiamo dimenticare perché ha lasciato in noi un segno indelebile. Per esempio quello di una semplice polvere di gesso. È ciò che mi ha raccontato una volta un professore liceale, insegnante di fisica, che aveva individuato la nascita della sua passione per i suoi studi dall'impressione che su di lui avevano lasciato le lezioni del suo vecchio professore delle scuole superiori, talmente immerso nelle sue spiegazioni alla lavagna che usciva ogni volta dall'aula ricoperto di gesso bianco[1]. I resti di quel gesso erano una materializzazione del desiderio singolare del maestro – della sua vocazione – piú che il simbolo di un sapere anonimo e oggettivamente compiuto. Quando il giovane professore si accorse che accadeva lo stesso ogni volta che terminava le sue lezioni, comprese che in quella polvere di gesso c'era tutta la luce possibile del suo maestro. Si tratta di un semplice esempio di come può avvenire la trasmissione del desiderio di sapere da una generazione all'altra. In questo caso piú che l'istituzione di un Altro ideale, in primo piano è un resto che è la traccia indelebile del desiderio di sapere del maestro. Ecco una scena esemplare della vita della Scuola: la polvere di gesso che prima era sulla giacca del maestro si ritrova adesso su quella del suo allievo diventato a sua volta maestro. Ogni vera eredità è fatta di quasi niente. Non si eredita, infatti,

[1] Freud, ripensando al periodo ginnasiale della sua vita, sottolinea l'importanza della persona del maestro nella trasmissione del sapere, quando scrive che «è difficile stabilire che cosa ci importasse di piú, se avessimo piú interesse per le scienze che ci venivano insegnate o per la persona dei nostri insegnanti. In ogni caso questi ultimi erano oggetto per tutti noi di un interesse sotterraneo continuo, e per molti la via delle scienze passava necessariamente per le persone dei professori». S. Freud, *Psicologia del ginnasiale*, trad. it. di A. M. Marietti, in Id., *Opere*, vol. VII: *1912-1914*, Boringhieri, Torino 1980, p. 478.

proprio niente se non il fatto stesso dell'ereditare[2]. Come accade anche a Philip Roth in *Patrimonio*: quello che resta del padre è la sua merda, il resto umanissimo e incancellabile della sua presenza al mondo[3]. È quel resto che il profeta Isaia sostiene che si debba trasformare in un «seme santo» (*Is* 6,13). È in questa trasformazione che consisterebbe in definitiva il movimento piú autentico dell'ereditare.

L'ironia benevola che il vecchio professore provocava nei suoi studenti quando usciva dall'aula imbiancato dalla polvere del gesso è la stessa che il giovane professore provoca adesso al termine delle sue lezioni. Qualcosa si ripete in una differenza. È questo lo scarto e il resto che qualifica ogni eredità che, come tale, ci ricorda che la nostra provenienza dall'Altro non può essere mai cancellata – nessuno si forma da se stesso – ma solo riconosciuta e soggettivata.

La morte del maestro?

«Maestro» è una parola e una figura in via di estinzione. Il suo tramonto coincide con l'imporsi di un linguaggio disossato, informatizzato, senza piú rapporti con la vita, subordinato al feticismo delle cifre, colonizzato dalla videocrazia e da una dimensione solo artificiale dell'intelligenza. Secondo Lacan sarebbe un effetto della sostituzione del discorso del padrone da parte del discorso dell'Università. Ma è un'intuizione presente in quegli stessi anni anche in Pasolini: il nuovo potere non si istituisce piú sul carisma suggestivo del Duce o del Führer, la psicologia delle masse contemporanea non si struttura piú verticalmente intorno alla figura idolatrica del leader, quanto sulla presa invisibile

[2] Cfr. N. Terminio, *L'eredità creativa. Preghiera e testimonianza tra cristianesimo e psicoanalisi*, il melangolo, Genova 2022, pp. 81-82.

[3] Cfr. P. Roth, *Patrimonio. Una storia vera*, trad. it. di V. Mantovani, Einaudi, Torino 2001. Per una lettura di questo resto rinvio a M. Recalcati, *Quel che resta del padre. Meditazioni sul padre nell'epoca ipermoderna*, Raffaello Cortina, Milano 2011, pp. 85-111.

del mercato e sulla sua astuzia sistemica. Non piú sulla voce e sullo sguardo ipnotico e severo del padrone, ma sul potere solo illusoriamente salvifico degli oggetti di consumo; non piú sul comando politico del leader autoritario, quanto sulla plasmazione capillare di un nuovo tipo di uomo che non è piú schiavo di quel comando, ma della falsa libertà e permissività iperedonistica della società dei consumi[4].

La neolingua ipermoderna messa in valore dal discorso dell'Università si sostiene sulla riproduzione algoritmica di un sapere che non ha piú alcun rapporto con il desiderio e che vorrebbe prescindere e autonomizzarsi anche dalla dimensione carismatica del maestro, ovvero dalla soggettività irriducibile della sua enunciazione. Di fronte a questa eclissi della figura del maestro, converrebbe invece ricordare che la parola stessa «maestro» viene da *magis* e indica originariamente, nella lingua latina, colui che ha un ruolo superiore contrapposto a quello del ministro (*minister*), che indica invece colui che ha un ruolo inferiore (*minus*). Converrebbe anche ricordare che si tratta di una terminologia che affonda la sua origine nel linguaggio religioso: il primo era «il celebrante principale» mentre il secondo era invece l'assistente, «il servitore»[5].

Il nostro tempo ha cancellato brutalmente questa subordinazione ribaltandola indebitamente. La forza profetica non risiede piú nella parola del maestro, ma si è anchilosata e dispersa nell'esercizio burocraticamente governamentale del ministro. La parola «maestro» suscita oggi assai meno ammirazione che sospetto. Nel tempo dell'orizzontalizzazione populistica dei saperi, l'evocazione della sua figura provoca una sorta di allergia spontanea se non addirittura un dubbio di legittimità nel farne persino uso. Nel ripudio della figura e del carisma del maestro si trovano alleati

[4] Cfr. P. P. Pasolini, *Scritti corsari*, Garzanti, Milano 1975.

[5] I. Dionigi, *Parole che allungano la vita. Pensieri per il nostro tempo*, Raffaello Cortina, Milano 2020, p. 43. Dello stesso autore vedi anche il piú recente *Magister. La scuola la fanno i maestri, non i ministri*, Laterza, Bari-Roma 2025.

paradossali la tradizione pedagogica libertaria e l'attuale imperante paradigma (neuro)scientista. La prima rifiuta l'autorevolezza del maestro nel nome di un egualitarismo ideologico che vive come abuso di potere ogni forma di dissimmetria, ivi compresa quella tra le generazioni. La seconda la vorrebbe invece rimpiazzare con l'obiettività algida di una robotizzazione inumana del sapere che renderebbe la presenza del maestro un accessorio superfluo se non addirittura un vero e proprio ingombro.

Il destino del maestro sembra, dunque, segnato e fatalmente legato a quello – anch'esso in declino irreversibile – del padre. Non sarebbero forse il maestro e il padre – nella loro ambigua e reciproca derivazione e problematica prossimità – scorie fastidiose di un'ideologia autoritaria di matrice patriarcale e di una cultura superstiziosa della quale oggi sarebbe bene liberarsi risolutamente, senza nutrirne alcuna nostalgia? Non sarebbero entrambi oggetti in via di estinzione? Al «basta coi padri!» non dovrebbe giustamente fare eco un «basta coi maestri!»? Le loro figure non si sono ridotte entrambe, come si esprimeva Pasolini, ad «ombre boccheggianti»?[6].

Il maestro-luce.

Ho da tempo interrogato cosa resta del padre nel tempo del tramonto inevitabile (e benvenuto) della sua rappresentazione patriarcale[7]. Non converrebbe interrogarsi allora anche su cosa resta del maestro al di là di ogni sua rappresentazione pedagogico-morale o repressivamente disciplinare?

In primo luogo non dovremmo mai dimenticare, come abbiamo visto all'inizio di questo libro, che il maestro è in

[6] Cfr. P. P. Pasolini, *I ragazzi sono conformisti due volte*, in Id., *Lettere luterane*, Garzanti, Milano 2009, p. 65.

[7] Cfr. M. Recalcati, *Cosa resta del padre? La paternità nell'epoca ipermoderna*, Raffaello Cortina, Milano 2011.

un rapporto stretto piú che con il potere patriarcale di cui sarebbe il legittimo erede, almeno nella Scuola cosiddetta tradizionale, con l'esperienza della luce. Dovremmo avere il coraggio di dichiararlo senza indugi: il maestro è, in sé, *una figura della luce*. È un fatto di esperienza largamente condivisa: *la parola del maestro è una parola che non ha il potere di comandare, ma di illuminare*. Quando un maestro degno di questo nome parla, la luce si accende e si espande. È un evento di cui siamo stati tutti testimoni nelle scuole di ogni ordine e grado. Ritroviamo qui il valore piú profondo della parola che non è tanto quello di nominare le cose che già esistono, ma di farle esistere proprio per il tramite della sua forza. In questo senso esiste un rapporto di omologia tra la parola e la luce che possiamo ritrovare scolpito già nella Torah. Il Dio ebraico non mostra forse che è tramite la potenza della sua parola che il mondo e le sue creature vengono alla luce?[8]. Ma non è questa una esperienza che facciamo nel nostro incontro con le parole? Il nostro tempo vorrebbe ridurle a meri strumenti della comunicazione, ma in realtà le parole contengono un segreto che non può essere dissolto in una mera pragmatica della comunicazione. È quello che la poesia piú di ogni altra arte mette in evidenza: la parola poetica, come ha ribadito piú volte Giuseppe Ungaretti, custodisce un segreto, ma questo segreto coincide con il segreto della luce che essa contiene.

Al tempo stesso non bisognerebbe mai trascurare il fatto che la chiarezza resta una qualità fondamentale di ogni magistero. Senza questa qualità non si dà, infatti, possibilità di trasmissione del sapere. La parola che sa osare il rischio estremo della chiarezza rinuncia al potere che gli assegna l'esoterismo realizzando una parola che passa se stessa piuttosto di avanzare la pretesa di essere l'ultima e l'irraggiungibile. La chiarezza è, infatti, la marca della castrazione che il maestro sa ospitare nella sua parola. Non a

[8] Cfr. Id., *La Legge della parola* cit.

caso è questo il motto fondamentale che ispirava la pedagogia di don Milani e che divaricava radicalmente la figura del maestro da quella del padrone: il sapere non bisogna tanto possederlo, ma *darlo*[9]. Sicché, molto frequentemente, le contorsioni linguistiche e i codici cifrati per iniziati di molti falsi maestri nascondono un vuoto di pensiero proprio perché la castrazione, in questi casi, non ha scavato nella parola la sua legge. Non bisogna infatti mai confondere il maestro come colui che porta la luce della parola con l'atteggiamento di chi pretende di possedere la verità. Tutti coloro che parlano nel nome della verità danno solitamente massima prova di ignoranza. Essi sono il rovescio del maestro. Il loro sapere anziché bucare il sapere – è l'attitudine di origine socratica che vive in ogni maestro – lo consolida a scapito di tutto ciò che resta fuori da questo sapere già saputo. In questo modo il maestro che pretende di possedere e di dire la «verità sulla verità» diviene un idolo che non favorisce affatto la trasmissione del sapere quanto piuttosto opera il suo sequestro. L'allievo ne viene tagliato fuori, espulso, situato in una condizione di minorità cronica. Ogni forma di dogmatismo rivela pienamente questa idea «proprietaria» della verità e, di conseguenza, di infantilizzazione cronica dei suoi adepti.

Quando insegnavo in un istituto di psicoanalisi a orientamento lacaniano veniva comunicato espressamente ai suoi docenti che non si poteva citare nessun altro autore al di fuori di Freud e Lacan e del loro unico lettore autorizzato[10]. Una liturgia religiosa prendeva cosí il posto del processo di formazione ridotto a sua volta a un processo di conformazione alla verità della parola dei maestri. Triste destino per una disciplina come quella della psicoanalisi sorta proprio per contestare ogni forma religiosa di sapere. Non a caso Freud insisteva nel pensare la psicoanalisi come profonda-

[9] Scuola di Barbiana, *Lettera a una professoressa*, Libreria Editrice Fiorentina, Firenze 1967, p. 110.

[10] Segnatamente il genero di Lacan: Jacques-Alain Miller.

mente laica, ovvero come un sapere che ignorava le verità assolute, dogmatiche, e, di conseguenza, sempre esposto al rischio dell'inciampo, del dubbio e della rettifica continua.

La luce che porta la parola del maestro non può mai, infatti, escludere l'ombra. Innanzitutto perché il maestro è colui che sa mescolare l'autorevolezza del suo sapere con il rapporto di profonda amicizia che intrattiene con l'inciampo. Diversamente, l'esoterismo dell'ispirazione del maestro come padrone della verità tende a portare sempre con sé il narcisismo di un sapere inarrivabile. Non a caso esso distingue solitamente piú lo stile degli epigoni del maestro che quello proprio del maestro. Salvo rare e significative eccezioni naturalmente. Per esempio quelle di Hegel e di Lacan, per fare solo due nomi celebri. Ma anche in questi grandi «maestri» nei quali la parola può raggiungere il colmo dell'oscurità, essa mantiene sempre un rapporto fecondo ed essenziale con la luce. L'esperienza della parola del maestro come muro, notte, abisso, discorso impossibile da aprire, tenebra, può rivelarsi, infatti, essa stessa come il colmo della luce a patto che, come ricorda giustamente Lacan, l'allievo a cui essa è rivolta «ci metta del suo»[11].

Il maestro-esitante.

È questo il bordo stretto sul quale cammina la parola di ogni maestro: rendere possibile la trasmissione del sapere non solo preservando l'impossibile da sapere, ma facendo di questo stesso impossibile – della sua custodia – la condizione di possibilità per una trasmissione viva ed erotica del sapere. Mentre Franco Fergnani era impegnato a leggere Heidegger, Sartre o Nietzsche in aula, il suo rapporto con quel testo riusciva a mantenere in una tensione costan-

[11] Cfr. J. Lacan, *Io parlo ai muri*, in Id., *Il mio insegnamento e Io parlo ai muri*, a cura di A. Di Ciaccia, Astrolabio, Roma 2014, p. 149.

te la spinta alla trasmissione, alla decifrazione degli enigmi che il testo presentava (è il magistero come esperienza della luce, come sforzo di chiarificazione), con l'impossibile da trasmettere e da decifrare, con un «vuoto al centro del sapere»[12]. Il maestro non è, infatti, solo colui che decifra l'enigma ma anche colui che ne preserva il valore inestimabile. Di qui il suo sostare sul carattere inesauribile del testo, sui suoi punti di maggiore densità che lo costringevano a inciampare ottenendo ogni volta l'effetto di promuovere nei suoi allievi (era quello che ci accadeva a lezione da Fergnani) la spinta a leggere e a rileggere proprio quelle pagine – le piú ostiche – sulle quali il maestro si era piú volte soffermato per provare a venirne a capo.

Le esitazioni del maestro possono essere, infatti, assai piú formative delle esibizioni del suo sapere. Per questo la sua luce sa rispettare e non escludere l'ombra, sa mantenere l'oscurità al centro del fascio luminoso della chiarificazione. Per questo quando un maestro spiega non spiega mai tutto. Piuttosto mostra che il suo sapere frequenta con assiduità il non-tutto in quanto il tutto sfugge per principio alla spiegazione, perché, come ricorda anche Lacan, «niente è tutto»[13].

Non si deve però confondere questo «metodo» con un semplice e populistico elogio dell'ignoranza. Il maestro deve certamente sapere bene ciò di cui parla. Ma deve anche sapere bene che questo suo sapere non potrà mai proporsi come «tutto ciò che c'è da sapere». Per questo – come vedremo in seguito – il discorso del maestro non può essere identificato in nessun modo né con il discorso del Padrone che pretende di essere proprietario della verità, né tanto-

[12] Cfr. J. Lacan, *Il seminario. Libro VIII. Il transfert 1960-1961*, a cura di A. Di Ciaccia, Einaudi, Torino 2008, p. 171.

[13] È questo il principio di indebolimento strutturale di ogni discorso umano che il maestro ha il compito di rammemorare e rendere operativo nella sua pratica. Cfr. Id., *Il Seminario. Libro XVII. Il rovescio della psicoanalisi 1969-1970*, a cura di A. Di Ciaccia, Einaudi, Torino 2001, p. 61.

meno con il discorso dell'Università[14]. Questo ultimo discorso, oggi in posizione dominante nella nostra vita collettiva, produce infatti un sapere integralmente spiegato, un sapere senza soggetto, senza scarti, senza inconscio né desideri, dove il sapere ripetuto, il sapere già saputo detta legge impedendo la ricerca che dovrebbe invece animare ogni sapere.

Mentre il discorso universitario punta alla produzione di un sapere incapace di invenzione perché vincolato alla necessità della sua conservazione e della sua riproduzione anonima, il discorso del maestro mette invece l'accento su ciò che non è possibile spiegare né sapere, ovvero sul limite interno del sapere, sull'impossibile da sapere, sull'ignoto, sul «vuoto al centro del sapere». La promozione del sapere nel discorso del maestro avviene, infatti, sempre a partire da un nucleo irriducibile di non sapere. Anche per questa ragione non esiste il titolo di maestro – mentre esiste quello di insegnante o di professore –, proprio perché un maestro esclude che la sua nominazione sia definita dal discorso formale dell'Università. Se c'è *del* maestro esso si riconosce solamente dagli effetti di soggettività che genera su chi ascolta la sua parola. Se c'è un maestro è perché ci sono stati allievi che hanno testimoniato e ne testimoniano il magistero. L'auto-nominazione del maestro incappa invece nello stesso paradosso perverso dell'autoformazione. Nessun maestro può, infatti, definirsi tale senza contraddire la sua essenza. Il maestro non ha un essere – non è una Sostanza – ma si dissolve nel suo atto che lo istituisce come un maestro per i suoi allievi nel processo vivente

[14] Occorre precisare che il discorso dell'Università non s'identifica, nella dottrina dei discorsi di Lacan, all'istituzione storica dell'Università in quanto tale. Esso piuttosto allude a una precisa patologia del sapere, ovvero alla sua sterilizzazione e alla sua scissione dalla verità, laddove la ripetizione del già saputo prevale su ogni principio di generazione creativa del sapere stesso. I quattro discorsi sono quelli del Padrone, dell'Isterica, dell'Università e dell'Analista: cfr. Lacan, *Il Seminario. Libro XVII* cit. Una mia lettura personale di questa teoria e la sua applicazione alla vita delle istituzioni, Scuola compresa, si trova in Recalcati, *Il vuoto e il fuoco* cit., in particolare pp. 93-198.

del suo insegnamento, della sua didattica[15]. In altri termini, l'allievo non può prescindere dalla mediazione del maestro come il maestro non può prescindere dalla mediazione dell'allievo. Don Milani ha intenzionalmente esasperato questo principio arrivando ad affermare iperbolicamente che si può definire maestro solo «chi non ha nessun interesse culturale quando è solo»[16].

Il sapere scolastico.

Quando si dà effetto di soggettività come effetto decisivo proprio di ogni processo formativo? Proviamo a rispondere a questa domanda facendo riferimento a una scena cruciale raccontata da Gilles Deleuze in *Differenza e ripetizione*: un bambino sulla spiaggia si appresta ad apprendere l'arte del nuoto[17]. Di fronte al mare chiaro e mosso un bambino e un istruttore, uno di fronte all'altro. L'istruttore esibisce tutto il bestiario che caratterizza l'arte del nuoto. Mima la rana, il delfino, la farfalla. I suoi movimenti sono lenti, ordinati, impeccabili. Il bambino lo guarda affascinato ripetendo nel modo piú fedele possibile i gesti del suo maestro. Ogni tanto viene corretto; il

[15] È questo uno degli insegnamenti maggiori che si può ricavare anche dalla pedagogia filosofica di Giovanni Gentile, come è stato messo ben in evidenza da Rocco Ronchi, quando, commentando il filosofo, può affermare che «il sapere accade ogni volta come verità dell'atto educativo», nel senso che nell'esperienza della Scuola «il sapere è un evento poiché la verità coincide con il processo del suo stesso manifestarsi», il che comporta che nel «metodo dell'immanenza» di Gentile – ben al di là della riforma fascista che porta il suo nome – «il fine dell'educazione non è una materia di insegnamento ma l'atto stesso dell'insegnamento», che consiste, hegelianamente, nel farsi Soggetto della Sostanza. Cfr. R. Ronchi, *Giovanni Gentile. Tra retorica e rivoluzione pedagogica*, conferenza pronunciata presso Kum! Cantieri, a Pesaro, il 6 aprile 2024.

[16] Cfr. Scuola di Barbiana, *Lettera a una professoressa* cit., p. 110.

[17] Cfr. G. Deleuze, *Differenza e ripetizione*, trad. it. di G. Guglielmi, Raffaello Cortina, Milano 1997. Piú volte ho avuto modo di commentare questa scena vedendovi qualcosa di essenziale in gioco in ogni processo formativo. Ritorno ancora una volta su di essa ma con uno sguardo nuovo. Recalcati, *L'ora di lezione* cit., pp. 116-18; e Id., *Critica alla ragione analitica. Tre saggi su Elvio Fachinelli*, Ponte alle Grazie, Milano 2020, pp. 113-14.

braccio dovrebbe essere piú teso, i movimenti piú dinamici e piú ampi, il respiro in sintonia con il ritmo dei diversi stili, la schiena meno rigida e piú flessibile. Il bambino riproduce il piú fedelmente possibile il modello ideale che il suo istruttore incarna ai suoi occhi. Ma è davvero questo, si chiede Deleuze, a definire l'essenziale del processo di apprendimento? A descrivere davvero come avviene una formazione? In piedi l'uno di fronte all'altro, il maestro e l'allievo stanno interpretando la trasmissione del sapere come una acquisizione graduale di un metodo e dei suoi contenuti. Il loro paradigma sembra quello della scala: un gradino dopo l'altro secondo un percorso lineare e progressivo fatto della successione di prove ed errori. Sino a raggiungere una completa maturazione. Il bambino fa come il suo istruttore nell'intento di carpirne la sapienza e la tecnica. Ma non è questo, sottolinea Deleuze, a definire una formazione, a rendere possibile l'effetto di soggettività che stiamo cercando. Manca qualcosa di essenziale che deve ancora accadere. Dobbiamo lasciare la mano di Deleuze per immaginare come il racconto può proseguire. È quello che accade quando il maestro spinge con decisione il bambino contro l'onda che si sta infrangendo verso la riva. È solo l'impatto con il reale dell'onda che può scuotere l'allievo dal suo torpore imitativo costringendolo ad assimilare singolarmente il sapere sino ad allora compreso solo astrattamente.

L'onda diviene cosí l'elemento decisivo per la produzione dell'effetto di soggettività. Solo attraverso il suo impatto l'allievo può mettere alla prova il sapere sino a quel momento acquisito solo scolasticamente. Ma cos'è l'onda? Per un verso essa rappresenta il reale anarchico, imprevedibile e ingovernabile della vita. Avviene sempre cosí: solo l'impatto con questo reale scombussola l'apprendimento scolastico del sapere mettendolo alla prova, dando cosí al soggetto l'occasione per fare proprio quello che sino a quel momento ha appreso dal suo maestro. In questo senso la formazione non può mai essere ridotta a una conformazione. In gioco è qui una legge generale di ogni apprendimento: l'effetto di soggettività non si misura dal raggiungimento dell'ultimo gradino della scala, non può ridursi a essere la replica del sapere del maestro, non si può nemmeno immaginare come una maturazione poiché scaturisce sempre da un salto singolare, da un impatto con l'incalcolabile e l'imprevedibile che l'onda rappresenta. In questo senso l'onda è anche la rappresentazione dell'alterità del maestro, della asimmetria che caratterizza la relazione con la sua parola. Il maestro è colui che spinge verso l'onda, ma è anche l'onda che costringe l'allievo a inventare un proprio stile. È quello che accade ogni volta che siamo di fronte alla necessità di prendere la parola in prima persona. In questi casi la perfezione dell'imitazione deve lasciare il posto all'imperfezione che scaturisce dal nostro impatto singolare con l'onda del maestro. Non si tratta piú di riproduzione ma di generazione, di una invenzione senza rete che può suscitare anche angoscia.

Incrociamo qui un'altra legge generale dell'apprendimento: se apprendere implica necessariamente il gesto del maestro, esso non può mai ridursi alla sua imitazione. È necessario un passo ulteriore, uno strappo, una deviazione, una audacia come quella che il bambino sulla spiaggia deve mostrare nel suo fronteggiare in solitudine l'urto imprevedibile dell'onda. L'ideale aristotelico della giusta misura, del dominio di sé, dell'autocontrollo, del governo impassibile delle passioni è davvero solo un ideale retorico che non tiene conto della nostra angoscia di fronte all'assenza di garanzie che ogni atto singolare comporta. Questo ideale di maturità non può essere la meta di un processo di formazione. Piuttosto c'è effetto di soggettività ogni volta che rendiamo possibile il salto dalla spiaggia al mare, ogni volta che un confine è oltrepassato, ogni volta che c'è esposizione alla vertigine dell'atto senza garanzie.

Fare «come» il maestro e fare «con» il maestro.

Ritorniamo ancora un momento sulla nostra spiaggia. Di fronte al bambino un maestro e accanto la forza impetuosa del mare. Il tema esplicito è, dunque, come abbiamo appena visto, quello dell'apprendimento: come si impara a nuotare? Possiamo immaginare che il maestro di tanto in tanto intervenga direttamente sul corpo del bambino per rendere i suoi movimenti piú adeguati in modo tale da facilitare la respirazione, la potenza, l'equilibrio e il dinamismo. Dobbiamo dunque pensare – diversamente da quello che sembra fare Deleuze – che il fare *come* il maestro, dunque la mera riproduzione del sapere del maestro, non sia inutile ma una condizione indispensabile non solo per imparare a nuotare, ma anche per raggiungere uno stile proprio. Siamo qui confrontati con la dimensione piú propriamente scolastica del sapere che non può essere ignorata in nessun vero apprendimento. In questo tempo – quello nel quale il bambino, come ogni scolaro, è faccia a faccia con il suo maestro come se fosse allo specchio – l'allievo è tenuto a ripetere il sapere che viene trasmesso dal maestro nel modo piú adeguato possibile. È la dimensione mimetica della trasmissione che accompagna il primo tempo dell'acquisizione del sapere. Qui davvero il modello dell'apprendimento assomiglia a quello della scala. Un gradino dopo l'altro sino a raggiungere l'ultimo. È il grande tema della formazione della soggettività umana che Hegel si pone nella sua *Fenomenologia dello spirito*: ogni gradino implica l'acquisizione di una conoscenza a partire dalla propria esperienza. Ma ogni gradino prepara quello superiore nel quale la certezza acquisita in quello inferiore deve essere *superata* seguendo un movimento teleologico. È la logica progressiva e dialettica dell'*Aufhebung*: conservare oltrepassando quello che si è provvisoriamente acquisito verso una sintesi superiore di tutto quello che si è appreso nei gradini inferiori. Solo al culmine di questa progressione la conoscenza può realizzarsi compiutamente: la certezza soggettiva lascia allora definitivamente il suo posto alla verità assoluta dello Spirito.

In realtà, ogni forma di apprendimento sconvolge questa concezione lineare e teleologica del sapere. Per esempio sappiamo per esperienza che non c'è stato un momento preciso nel quale abbiamo imparato a leggere o a scrivere o, finanche, a parlare. È accaduto, si è generato dopo una serie di tentativi e di apprendimenti. Non come una maturazione, ma piuttosto come un salto, una discontinuità, un *éclair*, un istante di luce[18].

Riferendosi all'incontro tra maestro e allievo, Deleuze ci ricorda che «ogni educazione» implica «sia un rapporto d'amore» che uno «di morte»[19]. D'amore perché grazie al segno impresso dall'insegnante la vita, se è in grado di farlo proprio, può acquisire la sua forma singolare. E di morte perché questa stessa forma – quella generatasi dal segno deposto del maestro – può restare per sempre vincolata a quella di un altro, diventando una ripetizione che esclude la differenza, dunque una riproduzione mortifera. Per questo Deleuze sottolinea l'importanza non tanto di fare *come* il maestro ma *con* il maestro[20]. È vero: il tempo decisivo dell'apprendimento non si consuma nella dimensione astratta della conformazione ma nella generazione di uno stile proprio. Si tratta però di due tempi che devono essere pensati insieme e non contrapposti. Fare *come* il maestro è fondamentale per poter fare *con* il maestro. È quello che Deleuze sembra trascurare. Dobbiamo allora immaginare che gli sforzi ripetuti del bambino sulla spiag-

[18] Lo sottolinea con precisione J.-P. Winter, *Transmettre (ou pas)*, Albin Michel, Paris 2012, pp. 19-24.

[19] Deleuze, *Differenza e ripetizione* cit., p. 35.

[20] «I nostri soli maestri sono quelli che ci dicono di fare con loro e che, anziché proporci gesti da riprodurre, hanno saputo trasmettere dei segni da sviluppare nell'eterogeno»: *ibid.*

gia per imitare i movimenti del suo insegnante non siano vani. È il valore che dobbiamo riconoscere a ogni allenamento che, come scrive giustamente Regazzoni, mostra quanto la fatica della ripetizione possa, se spinta al suo limite interno, generare essa stessa una trasformazione. Allenarsi alla ripetizione significa infatti fare «prova del limite». Ma se nell'impatto con l'onda si tratta di aprirsi all'inedito superando la *comfort zone* della riproduzione, nell'allenamento il superamento avviene come superamento innanzitutto di me stesso. In questo senso «il limite è il punto di esaurimento di sé che si trova sempre un passo piú in là di quello in cui dico a me stesso "mi fermo"». È, infatti, «solo nell'esaurimento della potenza del me stesso [...] nell'essere esausto, che tocco il mio limite e accedo al superamento di me stesso»[21].

È proprio questo superamento che troviamo al centro di ogni prova. Non esiste, infatti, Scuola senza che vi sia esperienza della prova. Il nostro tempo è invece un tempo che tende piuttosto a dissolvere il rituale e il significato simbolico della «prova» preferendo le scorciatoie, le illusioni di un successo rapido e senza verifiche, accorciando la fatica dell'essere-esausto, come direbbe Regazzoni[22]. La Scuola ha invece il compito di ricordare che il tempo della «prova» è indispensabile a scandire un percorso di formazione.

Quello che richiede la disciplina scolastica sulla quale non si dovrebbe mai sputare è, in altre parole, la fatica necessaria della ripetizione. Nondimeno l'apprendimento di uno stile singolare non può essere il prodotto del solo allenamento, non si genera solo a forza di ripetere. È necessario anche, come abbiamo visto, un salto, una discontinuità, una interruzione della ripetizione. Altrimenti, come ha giustamente indicato Deleuze, il rapporto con il

[21] S. Regazzoni, *La palestra di Platone. Filosofia come allenamento*, Ponte alle Grazie, Milano 2020, p. 65.

[22] *Ibid.*, p. 64.

maestro si rivela un rapporto marchiato dalla morte e non dall'amore. È quello che può avvenire se si riduce il processo dell'apprendimento alla sola riproduzione scolastica del sapere. In questi casi allora sarà inevitabile che la formazione si manifesti solo come una grigia conformazione. Nessun effetto di soggettività sarebbe cosí possibile perché l'assimilazione dell'allievo al sapere del maestro impedirebbe ogni autentica acquisizione soggettiva del sapere.

L'impatto con l'onda.

Dovremmo allora immaginare un secondo tempo dove diventa possibile per l'allievo davvero fare *con* il maestro. Dovremmo allora pensare – sebbene Deleuze non vi faccia alcun riferimento esplicito – che al termine del suo apprendistato scolastico, il piccolo aspirante nuotatore sia gettato dal maestro tra le onde. Sarà allora solo l'impatto con l'onda a obbligarlo a fare proprio il sapere che ha sino a quel momento appreso solo astrattamente dal suo maestro. Non si tratta qui di una progressione dialettica, ma di un salto che racchiude il mistero del vero apprendimento. Perché, come ricorda Deleuze, non esiste alcuna omogeneità tra l'astrazione scolastica dell'apprendimento statico che avviene sulla spiaggia e l'impatto con l'onda. Il movimento del nuotatore – precisa infatti Deleuze – non può in nessun modo assomigliare al movimento delle onde[23]. Questi due movimenti sono destinati a restare eterogenei. Tuttavia, come abbiamo visto, è proprio il trauma di questa eterogeneità a rendere possibile al giovane aspirante nuotatore di guadagnare il proprio stile singolare. Nessun apprendimento può ridursi a una assimilazione di segni perché implica l'impatto singolare con l'onda. Un sapere che non sia stato messo alla prova

[23] Cfr. Deleuze, *Differenza e ripetizione* cit., p. 35.

dell'onda risulta infatti un sapere morto, separato dalla vita, un sapere disincarnato.

In realtà, nel tempo assolutamente singolare dell'impatto con l'onda il soggetto non può piú fare *come* il maestro ma nemmeno può fare *con* il maestro. Questo impatto disegna una traiettoria irripetibile. Il maestro non è piú di fronte al bambino – di fronte c'è l'impetuosità del mare – ma non può essere nemmeno al suo fianco. Una solitudine fondamentale marchia cosí ogni vero apprendimento. L'impatto con l'onda separa il soggetto dal suo maestro costringendolo a fare proprio il sapere che sino a quel momento ha acquisito tramite il maestro, *come* e *con* il maestro. Ma come possiamo intendere l'onda? L'onda è allora, come abbiamo visto, nello stesso tempo il carattere ingovernabile della vita, il reale che non può essere addomesticato dal sapere, la contingenza traumaticamente imprevedibile dell'incontro, l'eterogeneità fondamentale tra la vita e il sapere e l'alterità stessa del maestro che dopo essere stato alleato del bambino nel tempo dell'apprendimento scolastico (fare *come* e fare *con* il maestro) si rivela come ciò che lo costringe a trovare il proprio stile soggettivo.

L'onda in se stessa non può avere alcun sapere; è la vita che si manifesta nella sua immediatezza, senza pensiero. Non posso nuotare se non stabilisco un rapporto di amicizia con l'onda ma non posso pretendere di essere un'onda, ovvero di abolire completamente l'eterogeneità che separa il movimento del nuotare da quello delle onde.

In una storia zen un famoso lottatore si chiamava Grandi Onde. Era imbattibile quando gareggiava nella palestra privata che frequentava. Anche il suo maestro doveva piegarsi alla sua forza. Ma in pubblico perdeva sempre. Si recò allora da un maestro zen che gli disse: «Tu ti chiami Grandi Onde, perciò stanotte rimani qui in questo tempio. Immaginati di essere quei marosi. Non sei piú un lottatore che ha paura. Tu sei quelle ondate enormi che spazzano via tutto davanti a loro, distruggendo qualunque cosa incontrino. Fa' cosí, e sarai il piú grande lottatore del paese»[24]. Solo l'amicizia con l'onda ha reso il nostro lottatore invincibile. Da allora, infatti, nessuno in Giappone riuscí piú a batterlo. L'indicazione del maestro è stata quella di liberarsi dalla paura dell'onda, di accogliere la sua potenza non solo come una occasione, ma come se fosse il suo vero nome, come se fosse una parte di se stesso. Nondimeno, per un altro verso, se ritorniamo al nostro bambino e al suo istruttore, l'onda resta fuori di me, impossibile da assimilare, impossibile da governare del tutto. In questo senso il maestro ne presentifica proprio l'irriducibilità estrema. Di conseguenza il nuoto non può essere una tecnica che pretende di possedere l'onda. Nemmeno nel racconto di Grandi Onde si tratta di imporre la propria forza sulla potenza delle onde ma casomai di accoglierla in se stessi, nell'assimilarvisi non avendo piú paura della loro forza. Nessun sapere – se non quello di Dio – è in grado, infatti, di padroneggiare l'eccedenza irriducibile della vita. Piuttosto l'eterogeneità tra il movimento dell'onda e quello del nuoto impone al soggetto una esperienza radicale di solitudine come avviene anche per Grandi Onde quando si trova solo nel tempio. Nel caso del nostro bambino, l'onda scuote il sapere scolastico acquisito, impone la ripresa soggettiva del sapere astratto appreso sulla spiaggia. Ma in questa ripresa quel sapere finalmente ha l'occasione per singolarizzarsi poiché non è piú lo stesso sapere appreso dal maestro. È un altro sapere, un sapere rotto e infranto dall'onda: un sapere in grado di generare uno stile differente.

Lo abbiamo visto: alle prese con l'onda il bambino deve trovare la sua misura, la sua attitudine, il proprio stile. Il sapere che ha acquisito sino ad allora passivamente deve essere reinventato attivamente. È questo quello che definiamo «effetti di soggettività», i quali possono produr-

[24] N. Senzaki e P. Reps (a cura di), *101 storie Zen*, trad. it. di A. Motti, Adelphi, Milano 1973, pp. 20-21.

si solo nella solitudine dell'impatto con l'onda. Si tratta quindi di una doppia separazione: dal sapere acquisito e dal maestro che ha consentito questa acquisizione. Il bambino sperimenta nell'incontro con l'onda la sua solitudine, l'impossibilità di essere sostituito, la necessità di prendere parola in prima persona. Allora il maestro che ha sospinto il bambino verso l'onda assume adesso il volto stesso dell'onda perché ogni maestro punta a produrre la sua stessa morte, il suo tramonto, la separazione dell'allievo che ha contribuito a formare. È quello che maestro Bernard, raccontato da Camus, dice rivolgendosi al suo allievo prediletto che lo sta per lasciare andando a iscriversi a un liceo di città: «"Adesso non hai piú bisogno di me, – gli disse, – avrai maestri piú sapienti. Ma se ti servisse aiuto, vieni a trovarmi, sai dove sto" [...] Il suo maestro lo salutava ancora una volta e lo lasciava ormai solo»[25]. Afferma giustamente lo Zarathustra di Nietzsche di fronte a coloro che seguono la sua parola: «Si ripaga male un maestro, se si rimane sempre scolari». Per questo può rivolgersi loro intimando: «Vi ordino di perdermi e di trovarvi; e solo quando mi avrete rinnegato io tornerò fra voi»[26].

Qualcosa mi preme.

Una volta nel corso dei miei primi studi di filosofia incontrai Franco Fergnani, professore di Filosofia morale all'Università Statale di Milano, per verificare la possibilità di svolgere la mia tesi sotto la sua guida. Mi chiese improvvisamente con chi studiassi. Risposi un po' sorpreso: «Con nessuno, studio da solo». «Bene, mi disse. La filosofia si deve studiare da soli». Era vero: l'impatto del

[25] Camus, *Il primo uomo* cit., p. 158.

[26] Cfr. F. Nietzsche, *Cosí parlò Zarathustra*, in Id., *Opere*, a cura di G. Colli e M. Montinari, vol. VI, tomo I, Adelphi, Milano 1979, p. 92.

bambino con il movimento delle onde non può essere condiviso con nessuno, nemmeno con il suo maestro. Era forse a quella solitudine necessaria che stava alludendo Fergnani[27]? Si tratta di compiere uno strappo dalla terra ferma della garanzia offerta dal sapere del maestro alla esistenza tumultuosa del mare.

Per apprendere davvero l'arte del nuoto il bambino deve abbandonare la spiaggia per inoltrarsi tra le onde. Non ha nessuno davanti a sé e non ha piú nessuno al suo fianco. Accade ogni volta che siamo di fronte a una prova. L'amicizia con l'onda deve essere una nostra invenzione. Il maestro può favorirla ma non garantirla. In questo senso ulteriore ogni maestro *è* un'onda. È il movimento che impedisce la riduzione del sapere dell'allievo a pura conformazione al suo sapere. Solo l'impatto con l'onda può infatti costringere il bambino a fare proprio quello che ha ricevuto dall'Altro. Per questa ragione Deleuze ritiene che in assenza di onda non vi sia nemmeno pensiero. Anzi, «tutti sanno, – scrive, – che gli uomini pensano raramente» e quando accade, accade «piú per effetto di uno shock che non animati da un gusto particolare»[28].

Non a caso sempre in *Differenza e ripetizione* egli distingue due origini e due forme del pensiero. Un pensiero «tranquillo» che non pare disturbato dalle cose che pensa e un pensiero che si confronta invece con delle cose (la vita

[27] Non è forse la stessa solitudine alla quale invita anche Nietzsche nel processo di soggettivazione? Resistere alla tentazione di essere identificati con una maschera anonima per ribadire il carattere assolutamente singolare della nostra soggettività: «Alla domanda: a che vivi? Essi – gli uomini confusi nella loro maschera sociale – risponderebbero rapidamente e con orgoglio: "*Per diventare* un buon cittadino, scienziato, uomo politico"; eppure essi *sono* qualche cosa che non può diventare niente altro, e perché sono per l'appunto ciò? Ahimè, e niente di meglio? Chi intende la sua vita soltanto come un punto nello sviluppo di una stirpe, di uno Stato o di una scienza, e dunque vuole appartenere completamente al racconto del divenire, alla storia, non ha compreso la lezione che l'esistenza gli impartisce e deve studiarla un'altra volta». F. Nietzsche, *Considerazioni inattuali*, III. *Schopenhauer come educatore*, in Id., *Opere*, a cura di G. Colli e M. Montinari, vol. III, tomo I, Adelphi, Milano 1982, p. 400.

[28] Cfr. Deleuze, *Differenza e ripetizione* cit., p. 173.

e la morte per esempio) che lo «*costringono* a pensare»[29]. Il primo tipo di pensiero si basa sul semplice riconoscimento delle cose che vengono individuate a partire dalle loro caratteristiche: un dito, una tavola, un albero, un cane. Questo riconoscimento implica un esercizio diacritico-cognitivo che non investe piú di tanto il soggetto che vi si impegna. Del tutto diversa è, invece, la condizione del pensiero quando c'è qualcosa che «ci costringe a pensare»[30]. Qui in primo piano non abbiamo l'esperienza di un semplice riconoscimento quanto un *incontro* che mette sottosopra ogni possibile riconoscimento[31].

In un maestro il sapere non nasce dalla semplice erudizione ma da *qualcosa che preme*. Se il suo punto di enunciazione è astratto, cioè separato da questa pressione, la sua parola risulterà vuota, priva di ardore, non convincente. Qualcosa mi preme e mi costringe a pensare in modo nuovo e impensato ciò di cui parlo, mi costringe a cercare ciò che ignoro piú che ciò che so già.

In riferimento all'insegnamento della psicoanalisi, che come tale è intrasmissibile perché fondato sull'esperienza assolutamente singolare dell'analisi personale, Lacan ricordava che proprio perché la psicoanalisi è intrasmissibile *costringe* ogni psicoanalista a reinventarla di nuovo[32]. Ma si tratta di una indicazione che vale in realtà per ogni pratica di insegnamento. Come può un maestro fronteggiare l'impossibilità, ricordata da Freud, dell'educare e dell'insegnare se non costringendosi a reinventare ogni volta quello che sa o a inoltrarsi come un ricercatore senza bussola verso ciò che ignora del tutto? In primo piano non è il sapere che possiede ma il rapporto

[29] *Ibid.*, p. 181 (in corsivo nel testo).

[30] *Ibid.*, p. 182.

[31] *Ibid.*

[32] «La psicoanalisi è intrasmissibile. È una vera seccatura! È una seccatura che ogni psicoanalista sia costretto – poiché bisogna che vi sia costretto – a reinventare la psicoanalisi»: cfr. J. Lacan, *Sulla trasmissione della psicoanalisi*, in «La psicoanalisi [Astrolabio, Roma]», 2005, n. 38, p. 14.

con ciò che gli preme, con ciò, piú precisamente, che *premendogli lo preme*. Non si tratta ovviamente della pressione che possono esercitare sulla professione dell'insegnante i carichi didattici dei programmi, i calendari, le mansioni burocratico-amministrative ecc. Quando dico che il maestro è qualcuno che parla laddove qualcosa *gli preme*, o *lo preme*, mi riferisco innanzitutto a una postura di fondo di ogni maestro. Esso può parlare davvero in modo convincente e credibile solo di ciò che lo incalza. *Mi preme* nel senso che mi interessa, mi coinvolge e mi ingaggia, ma anche preme come una forza, una spinta, una urgenza che mi coinvolge e che non posso ignorare[33]. Non è diverso da quello che abbiamo definito, a proposito dell'apprendimento dell'allievo, come l'impatto con l'onda, dunque con una forza che mi *costringe* a trovare il mio stile. È forse questa la definizione piú semplice che possiamo dare di un maestro: *un maestro è colui a cui preme ciò di cui parla*. È questa la testimonianza che è tenuto a dare. Se, infatti, egli potesse parlare di qualunque cosa senza sentirsi ingaggiato da ciò di cui parla, il suo sapere non sarebbe convincente, credibile, verrebbe alla luce già morto, senza vita. È questa la critica severa che Deleuze rivolgeva ai cosiddetti uomini di cultura la cui erudizione consentiva loro di spaziare con estrema competenza da un argomento all'altro come se però in questo movimento orizzontale non ci fosse davvero nulla a polarizzare il loro pensiero, a costringerlo, appunto, a pensare, a verticalizzarsi. È quello che, come vedremo, Lacan ha definito come discorso dell'Università, ovvero un discorso fatto di continue citazioni, di citazioni di citazioni, di riferimenti eruditi, dunque di un sapere duplicato che anziché generare un sapere nuovo, o un sapere

[33] Non a caso Schopenhauer riteneva che il pensiero degno di questo nome sorgesse solo dal dolore in quanto *punctum pruriens* della metafisica, ovvero da un reale traumatico che non può essere neutralizzato da nessun sapere. Cfr. A. Schopenhauer, *Supplementi al Mondo come volontà e rappresentazione*, Laterza, Roma-Bari 1986, p. 178.

capace di produrre degli effetti di soggettività, si limita solo a conservare e a riciclare il sapere già saputo[34].

Diversamente dal sapere anonimo del discorso dell'Università, in ogni maestro c'è invece qualcosa che preme. Pertanto la sua parola non può parlare significativamente di qualunque cosa ma solo di ciò che la costringe a parlare, di ciò che la preme, di ciò che esige di essere detto. Gli allievi riconoscono facilmente una parola che viene da ciò che preme, da una parola che è invece pronunciata solo per dovere professionale. In questo senso un maestro è sempre riconosciuto tale solo dai suoi allievi, ovvero da coloro che ascoltano la sua parola.

Nel linguaggio della psicoanalisi potremmo tradurre ciò che preme la parola del maestro evocando la forza del desiderio e ricordare che il compito del maestro è quello di trasmettere non tanto un sapere ma il desiderio di sapere, di dare testimonianza piena dell'esistenza di questo desiderio. Nel primo caso avremmo un sapere che si offre congiunto alla vita, nel secondo caso un sapere separato dalla vita. È solo la presenza di questa pressione a costringermi a riarticolare tutto quello che sino a quel momento ho appreso e saputo in un modo nuovo. È quello che definisce la vita quotidiana di ogni pratica didattica: trasformare quello che l'insegnante già sa in qualcosa di nuovo innanzitutto per se stesso. Non si tratta, dunque, solo di ripetere ma di generare, nella necessità della ripetizione scolastica, una differenza inattesa. L'essere costretti a pensare – l'essere pressati da qualcosa che preme – mostra che il soggetto che pensa è implicato profondamente in ciò che pensa. Esso non pensa semplicemente ciò che vuole, cosí come, potremmo aggiungere, non parla di ciò che semplicemente vuole. Se in ogni maestro la parola acquista un peso, se non è mai vuota, se non è disancorata dalla vita è perché essa parla di ciò che piú lo preme, di ciò che piú gli preme.

[34] Cfr. Lacan, *Il seminario. Libro XVII* cit.

Un racconto zen.

Possiamo ripensare la figura dell'onda seguendo un altro ragionamento. Come possiamo leggere la necessità di fare amicizia con l'onda? In un antico racconto zen, un giovane desiderava apprendere la difficile arte della spada (*kendo*)[35]. Si recò dunque dal maestro piú prestigioso del suo Paese chiedendo di essere preso come allievo. Il maestro acconsentí ma come primo esercizio costrinse il suo giovane allievo a spaccare legna. La pazienza e la costanza con le quali l'allievo si applicò furono premiate dopo sei mesi quando gli fu concesso di entrare nel *dojo*. Ma anziché insegnargli la tecnica del *kendo*, il maestro gli assegnò un altro singolare compito: camminare in equilibrio sulla striscia cucita che unisce i tatami tra loro. Per altri sei mesi l'allievo si applicò diligentemente a questo nuovo compito. A quel punto però egli si rivolse al maestro chiedendogli il significato di quegli esercizi e mostrando la sua impazienza di apprendere la difficile arte della spada. A quel punto il maestro gli spiegò che il primo esercizio era finalizzato ad aumentare la sua forza e il secondo ad acquisire l'equilibrio necessario (virtú tecniche necessarie all'arte della spada) e che l'indomani gli avrebbe rivelato il segreto piú grande del *kendo*. Il giorno successivo il maestro accompagnò cosí il suo allievo in cima a una montagna dove un fragile ponte di legno appariva sospeso su di un precipizio e gli chiese di attraversarlo. A quel punto l'allievo ebbe paura restando come paralizzato di fronte a questo compito, sebbene l'ampiezza del ponte fosse decisamente piú grande della linea sottile sulla quale aveva camminato nel corso del suo secondo esercizio. E mentre il giovane allievo restava bloccato dalla paura, chiedendosi se il ponte sarebbe stato in grado di sostenere il

[35] Cfr. W. L. King, *Lo zen e la via della spada. La formazione psicologica del samurai*, trad. it. di E. Valdrè, Ubaldini, Roma 2000.

suo peso o se invece sarebbe crollato facendolo precipitare nel vuoto, passò un cieco che tastando il terreno con il suo bastone attraversò il ponte sospeso nel vuoto senza indugiare. Allora il maestro disse al suo allievo che solo quando avrebbe acquisito la fermezza di quel cieco avrebbe potuto imparare davvero l'arte della spada. L'ultimo esercizio era infatti il piú importante perché confrontava il giovane allievo con la sua paura della morte, dunque la necessità di separarsi dalle preoccupazioni per il proprio Io che avrebbero potuto condizionare la sua azione nel combattimento. Solo chi sa dimenticare il proprio Io può infatti apprendere davvero l'arte della spada.

In questo racconto l'onda del maestro assume la forma del fragile ponte di legno sospeso nel vuoto. È l'onda della morte come ciò che deve disfare l'eccessivo attaccamento al nostro Io. La necessità di attraversare il ponte, e dunque di superare il tremore del giovane allievo di fronte al rischio di cadere nel vuoto, viene prima di ogni tecnica. Si tratta di acquisire una postura etica piú che un sapere.

Questo racconto porta alle estreme conseguenze il discorso del maestro: solo l'impatto con l'onda rende possibile una soggettivazione autentica dell'apprendimento. Restare bloccati di fronte all'onda è come restare bloccati di fronte al ponte di legno sospeso nel vuoto. Per acquisire una padronanza tecnica del proprio sapere bisogna rinunciare a ogni ideale di padronanza. È questo il paradosso che nutre ogni processo di formazione. Trasposto nella pratica didattica di ogni giorno questo significa per ogni insegnante e per ogni allievo riconoscere che c'è sempre qualcosa che sfugge, che non può essere governato, un vuoto al centro del sapere, come direbbe Lacan. Non si tratta dunque di otturare questo vuoto ma di renderlo operativo. Non si tratta di cancellare i limiti del nostro sapere ma di attraversarli ogni volta in un modo nuovo. Come il cieco fa con il fragile ponte di legno sospeso nel vuoto.

Il colpo di spazzolone.

Ho già brevemente ricordato nell'*Ora di lezione* un racconto leggendario che ha come protagonista un grande pittore come Emilio Vedova[36]. Si dice che, come insegnante di pittura all'Accademia di Belle arti di Venezia, per superare l'inibizione che paralizzava i suoi allievi di fronte alla tela bianca, immergesse uno spazzolone in un secchio di pittura per poi colpire con violenza la superficie del quadro. A quel punto i suoi allievi potevano procedere nelle loro composizioni senza essere piú bloccati e inibiti di fronte al vuoto della superficie della tela.

In questo gesto possiamo ritrovare il significato piú proprio della funzione del maestro. Non si tratta semplicemente di spronare con forza l'allievo a superare le barriere della sua inibizione mostrando che il bianco immacolato della tela è fatto per essere infranto. In primo piano non è tanto l'idea che l'orizzonte illimitato della tela possa generare paralisi e inibizione[37]. Nel gesto di Vedova dobbiamo vedere qualcosa di piú profondo. In realtà, la tela bianca non è mai bianca perché su di essa si è addensato in modo invisibile tutto ciò che sino a quel momento è stato dipinto, tutto il sapere che si è depositato nella storia dell'arte. Da questo punto di vista la tela è l'esatto contrario del vuoto poiché appare come un troppo pieno, un ingorgo di segni, una saturazione, la stratificazione infinita di immagini già viste e conosciute. Il problema che

[36] Cfr. Recalcati, *L'ora di lezione* cit., pp. 44-45.

[37] Sono rimasto colpito nel leggere recentemente, nelle lezioni che Deleuze dedica alla pittura, molte osservazioni che vanno nella stessa direzione del ragionamento che sviluppo intorno al gesto di Vedova. Per esempio quando afferma: «È stupido credere che la tela sia una superficie bianca. Non lo è piú del foglio. Una tela non è una superficie bianca. Credo che i pittori lo sappiano molto bene. Prima che essi comincino, la tela è già piena [...] se il pittore ha difficoltà a cominciare è proprio perché la sua tela è piena? Piena di cosa? Piena delle cose peggiori [...] il problema sarà quello di rimuovere queste cose invisibili che però *hanno già occupato la tela*»: cfr. G. Deleuze, *Sulla pittura. Corso marzo-giugno 1981*, trad. it. di C. D'Aurizio, Einaudi, Torino 2024, pp. 42-43.

Vedova fronteggia non è tanto quello dell'inibizione nei confronti del vuoto ma della sua assenza: come rendere possibile l'atto creativo se lo spazio della tela appare intasato, ingorgato, stracolmo di segni? Come produrre, dunque, il vuoto necessario all'atto della creazione?

È il tema che viene svolto anche in un altro breve ma straordinario racconto zen. Un professore universitario si reca in visita dal maestro Nan-in. Questi gli versa del tè. Ma dopo aver colmato la tazza del suo ospite continua stranamente a versarne. Il professore gli fa notare che la tazza è già ricolma. A quel punto il maestro interviene dicendo: «Come questa tazza tu sei ricolmo delle tue opinioni e delle tue congetture. Come posso spiegarti lo Zen, se prima non vuoti la tua tazza?»[38].

Si tratta di un blocco che spesso incontriamo negli artisti: la mano dello scrittore che si frena di fronte alla pagina bianca, quella del musicista che arretra di fronte alla profondità del silenzio, la voce dell'attore di teatro che trema di fronte all'apertura del sipario ecc. In tutti questi casi il problema non è tanto il confronto con il vuoto, ma con un troppo pieno. Ed è proprio questo che il gesto di Vedova intende evidenziare. Il già dipinto, il già sentito, il già scritto ostacolano il processo creativo a causa dell'eccesso di memoria che trascinano fatalmente con sé. È necessario allora un atto che sia in grado di liberare il soggetto dalla sua soggezione rispetto a tutto ciò che è già stato.

Ripetizione e invenzione.

Come si vede, al centro è ancora una volta il rapporto tra ripetizione e creazione, tra ripetizione e invenzione. Non si tratta però di contrapporre questi due movimenti – solo apparentemente alternativi – quanto di pensarli

[38] Senzaki e Reps (a cura di), *101 storie Zen* cit., p. 13.

nel loro piú profondo intreccio. Il rischio dello stereotipo e della maniera hanno a che fare con un prevalere della ripetizione sulla creazione e sull'invenzione. Lo stile singolare lascia il posto all'irrigidimento scolastico della riproduzione e della conformazione. La ripetizione sovrasta in quel caso ogni differenza singolare. Al tempo stesso una creazione o una invenzione che non si radicasse nella scia della ripetizione apparirebbe velleitaria, priva di sostanza, vuota, effimera. Ogni processo creativo deve infatti attingere alla ripetizione perché non è il suo rovescio, in quanto scaturisce sempre da essa, da una sua torsione. Lo ricorda a suo modo Sartre quando scrive che «le nostre decisioni raccolgono in sintesi nuove i leimotiv che guidano la nostra vita»[39] o quando ricorda che l'infanzia non è mai qualcosa che è già stato, alle nostre spalle, come un tempo chiuso della nostra vita, ma qualcosa che è sempre ancora da venire, una sorta di mescolanza tra «una apprensione oscura della nostra stessa classe, del nostro condizionamento sociale attraverso il gruppo famigliare» e «un superamento cieco, uno sforzo maldestro per sradicarcene»[40].

La nostra stessa storia personale è, infatti, sempre un sforzo di poesia; il tentativo di riscrivere in modo originale il copione che ci è stato assegnato giocoforza dall'Altro – dalla nostra famiglia, dalle nostre condizioni sociali ed economiche di partenza ecc. – in un modo davvero nostro, singolare, irripetibile. È quindi sempre necessaria una torsione della ripetizione perché si generi una creazione. Per questo Sartre immagina il corso della storia come costellato da buchi, vuoti, fori[41]. Il soggetto nella sua sin-

[39] J.-P. Sartre, *Santo Genet, commediante e martire*, trad. it. di C. Pavolini, il Saggiatore, Milano 2017, p. 443.

[40] Id., *Questioni di metodo*, in Id., *Critica della ragione dialettica*, vol. I: *Teoria degli insiemi pratici*, trad. it. di P. Caruso, il Saggiatore, Milano 1982, pp. 82-84.

[41] L'immagine della Storia come forata si trova in Id., *L'intelligibilità della Storia. Critica della Ragione dialettica*, tomo II, trad. it. di F. Cambria, Marinotti, Milano 2006, p. 406. Mi permetto su tutti questi temi di rinviare a M. Recalcati, *Ritorno a Jean-Paul Sartre. Esistenza, infanzia e desiderio*, Einaudi, Torino 2021.

golarità incarna infatti questo elemento di discontinuità che appare nella continuità ripetitiva della storia. Il nostro rapporto con il sapere coincide con il nostro rapporto con la storia. In questo senso il soggetto è un foro nella trama storica che rompe il carattere ciclico della ripetizione. Esso non è il semplice effetto lineare di un determinismo verticale dove il passato si impone come un condizionamento fatale, come un macigno che dobbiamo portare al collo. Piuttosto la singolarità del soggetto consiste in un «movimento spiraliforme» attraverso il quale esso può riprendere incessantemente quello che è stato alla luce dell'avvenire, ovvero di una possibilità ancora inedita[42].

Nella vita dell'allievo in gioco non è solo il salto necessario dalla ripetizione scolastica alla creazione e all'invenzione di un proprio stile singolare che caratterizza ogni vero apprendimento, ma la struttura stessa della sua soggettività. Come mostra ogni grande artista c'è sempre qualcosa che, nella sua opera, insistentemente si ripete in una serie continua di variazioni. L'invenzione non scompagina la ripetizione *ma sorge dalla ripetizione*. Accade, per fare un solo esempio, nella serie ripetitiva delle bottiglie e delle tazze, dei vasi e dei fiori di Giorgio Morandi. Ma accade ancora piú profondamente quando gli artisti ci ricordano che qualcosa – una forza, una spinta – li sospinge a ritornare sempre sulla stessa riva, a battere sempre la stessa nota, a ripetere sempre una necessità profonda che li attraversa, qualcosa che, come abbiamo visto, li costringe, li preme[43]. Allora non possia-

[42] «La storia appare come brutale rottura della ripetizione ciclica, cioè come trascendenza e come movimento spiraliforme [...] Costituirsi e travalicarsi; raccogliersi per poi sottrarsi; farsi determinare nel presente da una determinazione futura e, cosí, prodursi come movimento verso l'indefinita indeterminazione dell'avvenire [...] avvolgersi e al tempo stesso sfuggire come una maglia che si sfila, generando il non sapere, il non saputo, l'incerto»: cfr. Sartre, *L'intelligibilità della Storia. Critica della Ragione dialettica* cit., pp. 432-33.

[43] Su questo tema relativo al legame profondo tra la necessità della ripetizione e la contingenza della creazione, vedi in particolare il mio lavoro su Tàpies e Parmiggiani: M. Recalcati, *Il trauma del fuoco. Vita e morte nell'opera di Claudio Parmiggiani*, Mar-

mo piú pensare che la creazione sia la semplice interruzione della ripetizione, che sia un modo per emanciparsi dalla prigione tetra della ripetizione, ma che sia una sua torsione singolare. È questo, al suo fondo, un modo per pensare il rapporto tra le generazioni; una vera eredità non è rottura con il passato – negazione della ripetizione – ma la sua riconquista soggettiva, la sua ripresa, la sua reinvenzione singolare.

Lo stronzo del proprio fantasma.

Freud aveva fatto notare come all'origine del processo creativo, dal punto di vista pulsionale, vi sia la produzione fecale[44]. È l'escremento il primo prodotto che il bambino riesce a generare da se stesso. Certamente, egli offre all'Altro il prodotto del suo intestino, risponde in questo senso a una domanda, ma quello che offre è proprio suo, è fatto da se stesso. Ora, Lacan ha insistito nel mostrare come l'accoglimento da parte dell'Altro di questo prodotto sia decisivo per favorire o inibire la spinta creativa del soggetto. Si tratta solo di una «cagata» oppure questa merda assume, nello sguardo dell'Altro, il valore di una pepita d'oro? Questo incoraggiamento può però rivelarsi come una lama a doppio taglio. Per un verso favorisce la disinibizione perché il soggetto è stato riconosciuto grazie al valore del suo prodotto. Ma, per un altro verso, generando nell'Altro una aspettativa pone il soggetto di fronte a un dubbio amletico: sarà anche questa volta una pepita d'oro o sarà invece una semplice «cagata»? Questo dubbio sortisce spesso un effetto di rinvio dell'evacuazione o, nei casi piú estremi, di un suo blocco. Mentre l'oggetto anale si struttura sul movimento ritmico del ritenere e del

silio, Venezia 2023; e Id., *Il silenzio della materia. La poetica del Muro di Antoni Tàpies*, Marsilio, Venezia 2024.

[44] Cfr. S. Freud, *Carattere ed erotismo anale*, trad. it. di C. Musatti, in Id., *Opere*, vol. VIII: *1915-1917*, Boringhieri, Torino 1980.

rilasciare, in certi casi l'eccessiva preoccupazione per la reazione dell'Altro rischia di favorire la ritenzione sull'evacuazione. In questi casi allora il soggetto rischierebbe di identificarsi, come scrive senza peli sulla lingua Lacan, allo stronzo del suo fantasma[45].

La prospettiva di deludere l'Altro – «non è una pepita ma solo una cagata!» – frena il movimento del rilascio cristallizzando quello della ritenzione. L'inibizione estende allora la sua ragnatela sulle possibilità della creazione. Per questa ragione il colpo di spazzolone di Vedova non è finalizzato semplicemente a spronare i suoi allievi verso la disinibizione, ma, come abbiamo visto, punta a generare il vuoto sulla tela ingorgata dal sapere già saputo. In questo caso l'Altro della storia dell'arte si configura allo stesso modo dell'Altro che attende il prodotto intestinale del bambino per poterlo giudicare.

In un mio paziente ossessivo, afflitto da gravi inibizioni, la madre medico usava pesare e osservare nel dettaglio i suoi escrementi al fine di verificare la salute del proprio bambino. Il ricorso a rigidi programmi dietologici o ad aperti rimproveri rivolti al figlio per avere trasgredito le norme alimentari impostegli, unita alla scrupolosità asettica dei suoi interventi, creavano nel bambino, dopo ogni evacuazione, una condizione di attesa angosciata. La stessa che si presenta ogni volta che nella sua vita di adulto egli deve sottoporre a un Altro i contenuti del proprio lavoro. Accadeva prima nel corso della sua carriera scolastica e accadde poi nella sua professione di architetto. L'incidenza inconscia di questa scena generava in lui la sensazione di non essere mai adeguato, di non essere mai all'altezza, di non produrre mai pepite d'oro ma solo delle sciagurate «cagate».

[45] Cfr. Lacan, *Sovversione del soggetto e dialettica del desiderio nell'inconscio freudiano* cit., p. 821.

L'onda che salva.

Il maestro che sospinge con decisione il bambino verso il mare invita, come abbiamo visto, a non considerare il mare solo come un pericolo. Piuttosto invita a fare amicizia con l'onda perché *l'onda che piú temiamo è anche l'onda che ci salva*. Il che comporta abbandonare l'illusione scolastica secondo la quale apprendere significherebbe fare *come* fa il maestro. In questo caso, lo sappiamo, non si generebbe nessuno stile proprio, ma solo la fotocopia dello stesso stile, conformazione senza formazione. Nessun effetto di soggettività. Perché invece ci sia atto creativo, esposizione della propria voce, del proprio talento, della propria vocazione, perché vi sia uno stile singolare, è necessario riconoscere il vuoto che è a fondamento di ogni creazione. È quel vuoto che viene spalancato traumaticamente dal gesto di Vedova. Esso può però suscitare un'altra angoscia e un'altra inibizione. Non piú legate al troppo pieno, alla saturazione, all'inadeguatezza rispetto all'ideale di ciò che è già stato fatto, ma all'insostituibilità del proprio atto singolare.

La pagina bianca o il silenzio prima di un concerto sono per lo scrittore o per il musicista espressioni di questo vuoto che nessun maestro – nessun Altro – potrà mai riempire. Il maestro può testimoniare che l'amicizia con l'onda è possibile ma non può mai sostituire l'allievo nel suo atto di impattare l'onda. In questo senso ogni maestro mentre testimonia la possibilità dell'amicizia con l'onda mostra altresí di *essere* l'onda che separa l'allievo dal sapere garantito. La forza reale dell'onda è infatti ciò che priva il luogo dell'Altro di ogni garanzia possibile. Ciascuno, in altre parole, è solo nel suo rapporto con il movimento dell'onda. In questo senso il fallimento non è solo qualcosa che deve essere scongiurato, ma ciò che costituisce l'esperienza piú essenziale di ogni processo di formazione. È l'imperativo che Beckett rivolgeva innanzitutto a se stesso: «Fallisci di nuovo, fallisci sempre meglio». L'ideale performativo di perfezione e di governo aristotelico degli eccessi può alla fine generare solo inibizione o imitazione senza creatività. L'identificazione allo stronzo del proprio fantasma assunto come pepita d'oro inimitabile blocca fatalmente le nostre risorse creative. Se poi il maestro incarna perfettamente il valore inestimabile di quella pepita, il suo stile diviene fatalmente inarrivabile generando, appunto, solo inibizione e sentimenti di inadeguatezza. Come posso, infatti, essere all'altezza dell'esemplarità del mio maestro? Come posso scrivere dopo Proust, Joyce o McCarthy o come posso dipingere dopo Cézanne, Picasso o Kiefer? Come posso fare canzoni dopo Bob Dylan o De André? O come posso, piú semplicemente, nella mia vita e nel mio lavoro, non essere schiacciato dai modelli ideali ai quali mi sono ispirato?

Gratitudine.

L'idealizzazione monumentale dei maestri tende inevitabilmente a paralizzare la nostra iniziativa rendendo impossibile un gesto di creazione. È quello che Nietzsche ha messo in evidenza lucidamente. Un eccesso di venerazione del passato – propria di quelle che chiama «storia monumentale» o «storia antiquata»[46] – non è affatto utile alla vita, ma diviene una sorta di febbre, di malattia, di ruminazione continua sul passato a scapito della vita[47]. Il soggetto afflitto dalla «malattia storica» sarebbe un sog-

[46] Cfr. F. Nietzsche, *Considerazioni inattuali*, II. *Sull'utilità e il danno della storia per la vita*, in Id., *Opere*, a cura di G. Colli e M. Montinari, vol. III, tomo I, Adelphi, Milano 1982, p. 272.

[47] L'uomo storico è un uomo afflitto dal carico pesante del passato: «questo lo schiaccia a terra e lo piega da parte; questo appesantisce il suo passo come un invisibile e oscuro fardello [...] Per ogni agire ci vuole oblio: come per la vita di ogni essere organico ci vuole non soltanto la luce, ma anche oscurità. Un uomo che volesse sentire sempre e solo storicamente, sarebbe simile a colui che venisse costretto ad astenersi dal sonno, o all'animale che dovesse vivere solo ruminando e sempre per ripetuta ruminazione»: *ibid.*, p. 264.

getto che resta frenato sulla spiaggia a ripetere incessantemente i gesti del suo maestro senza avere il coraggio di avvicinarsi al mare. Una sorta di perfettismo filologico ostacolerebbe il dispiegamento della vita, manterrebbe l'allievo legato al passato, gli impedirebbe di incontrare e di fare amicizia con l'onda. È quello che Lacan diceva ai suoi allievi, mentre li ammoniva di non scimmiottarlo: «Fate come me, non imitatemi!»

Il maestro può infatti essere un rifugio, un'ombra che mentre ripara la vita dall'impatto con l'onda annulla il desiderio dei suoi allievi vincolandoli a una dipendenza senza vita. Se, come abbiamo visto, è sempre necessario fare *con* dei maestri – non esiste, infatti, autoformazione se non in un disegno perverso di auto-costituzione[48] – è altrettanto necessario imparare a non fare come loro assumendo l'imperfezione singolare che caratterizza il nostro stile. È quello a cui costringe l'amicizia con l'onda. Il legame di infinita gratitudine coi nostri maestri non deve diventare una schiavitú. Anzi, se tale diventa è perché bisognerebbe dubitare dell'esistenza di quella infinita gratitudine. L'allievo che cammina con le sue gambe non lo fa mai *contro* il maestro ma solo *grazie* al maestro. Se invece prevale l'antagonismo con il maestro è perché l'invidia cieca e non elaborata simbolicamente ha reso impossibile la gratitudine[49].

Il discorso del maestro.

La lingua francese tende a confondere la parola «maestro» con quella di «padrone». Lo stesso termine li definisce, infatti, entrambi e non senza generare ambiguità: *maître*. La figura del maestro-padrone ha fatto epoca sino alla grande

[48] Vedi su questo punto le giuste considerazioni di G. Zagrebelsky, *Mai piú senza maestri*, il Mulino, Bologna 2019. Cfr. anche, dello stesso autore, *La lezione*, Einaudi, Torino 2022.

[49] Su questi temi il riferimento indispensabile è M. Klein, *Invidia e gratitudine*, trad. it. di L. Zeller Tolentino, Martinelli, Firenze 1969.

contestazione studentesca del Sessantotto. Il suo ritratto ha pervaso per secoli la nostra cultura. L'ombra del padre del patriarcato si allungava fatalmente in quella del maestro severo e privo di emozioni, inflessibile e rigoroso. Il potere e il sapere convergevano in una sola figura destinata a essere nello stesso tempo temuta e idealizzata. Ma in realtà dovremmo imparare a distinguere con attenzione il discorso del padrone da quello del maestro poiché la figura del maestro-padrone contraddice alle radici cosa è veramente un maestro, il quale è tale innanzitutto proprio perché rigetta ogni esercizio del potere. Se a questa rappresentazione padronale-patriarcale del maestro è necessario riservare obbedienza, un maestro degno di questo nome è, al contrario, qualcuno che si sottrae alla seduzione del potere. Egli non esige l'adesione conformista a un sapere oggettivo che troverebbe nella sua parola la sua istituzione inossidabile, ma opera di traverso. È il passo indietro, lo scarto, la sottrazione, la diminuzione di sé che lo contraddistinguono. Anziché esercitare una padronanza tende a svanire nell'atto del suo stesso insegnamento. Egli, come ricorda anche l'ultimo Foucault, non incarna un sapere oggettivamente istituzionalizzato, ma parla solo a proprio nome[50]. Sicché la verità non viene imposta nella sua oggettività ma causa il desiderio di sapere del quale il maestro si fa *in primis* testimone. È la differenza profonda che distingue un professore che risponde alla logica dell'istituzionalizzazione e un maestro che invece, come ricordava Deleuze a proposito di Sartre, sa portare in aula una corrente d'aria fresca. Per Foucault è l'opposizione tra l'insegnante come tecnico che trasmette un sapere separato dalla verità e l'insegnante *parresiasta* che nel suo insegnamento testimonia innanzitutto il proprio rapporto singolare con la verità[51]. Per questo, diversamen-

[50] Cfr. M. Foucault, *Il coraggio della verità. Il governo di sé e degli altri II. Corso al Collège de France (1984)*, a cura di F. Gros e M. Galzigna, Feltrinelli, Milano 2011, p. 37.

[51] *Ibid*. Ricordo che *parresía* significa, nella retorica classica, il «parlare chiaramente» e che colui che vi si ispira saprebbe dire coraggiosamente la verità sottraendola a

te dal tecnico che insegna di professione, il parresiasta piú che dimostrare di possedere un sapere oggettivo sospinge i suoi allievi a compiere uno sforzo di soggettivazione critica del sapere. Questo implica che vi sia disgiunzione tra il sapere e il potere, tra il padrone e il maestro.

Tuttavia, quando Lacan costruisce la sua teoria dei quattro discorsi non contempla affatto il discorso del maestro – che resta assente nella sua topica –, ma solo quello del padrone, il discorso del *maître* appunto[52]. Il matema del discorso del maestro non viene né pronunciato, né tantomeno formalizzato, resta assente nella sua teorizzazione. Perché? Cosa giustifica questa assenza? Come è possibile confondere il discorso del maestro con quello del padrone? Si può pensare che la difficoltà di Lacan a definire il discorso del maestro come tale dipenda dal fatto che l'azione di ogni maestro si manifesta come resistenza ed erosione di ogni forma di istituzionalizzazione del sapere[53]. Non a caso

ogni genere di camuffamento o di oblio. Cfr. Id., *Il governo di sé e degli altri. Corso al Collège de France (1982-1983)*, a cura di F. Gros, Feltrinelli, Milano 2009.

[52] Cfr. Lacan, *Il seminario. Libro XVII* cit.

[53] In questo il discorso del maestro – se fosse possibile formalizzarlo – costeggerebbe piú da vicino quello dell'isterico e quello dell'analista che non quello del padrone. Non a caso, nella teoria dei quattro discorsi di Lacan, non esiste un discorso del maestro. Esso si trova piuttosto al margine di tutti gli altri quattro discorsi indicando, se si può dire cosí, di ciascuno il suo limite. A quello del padrone che pretenderebbe di sapere tutta la verità, il discorso del maestro ricorda che la verità è piuttosto il limite interno di ogni sapere, è il non-tutto che attraversa la spinta alla totalizzazione del sapere. Il maestro, diversamente dal padrone, opera infatti con la sua mancanza e questo è ciò che lo rende prossimo al discorso dell'analista. Tuttavia, diversamente dal discorso dell'analista, il maestro è tenuto a dare prova della sua parola, a impegnarla in un esercizio effettivo di trasmissione che non può accontentarsi del carattere ineffabile e passivo del silenzio che invece caratterizza la pratica analitica. Il maestro, diversamente dall'analista che occupa la posizione di sembiante dell'oggetto piccolo (a) e che nella sua azione offre fondamentalmente il suo ascolto, è tenuto a esercitare attivamente la propria parola. Esso – diversamente dall'analista – non incarna affatto la posizione del «morto», ma del vivo, del «piú di vita» di una parola che non si consegna al riciclo del già detto proprio del discorso dell'Università. È questa la significativa prossimità del discorso del maestro con il discorso isterico di cui condivide l'esperienza della divisione e della ricerca incessante della verità. Il maestro, infatti, allo stesso modo dell'isterica, non detiene il sapere ma è mosso da un *desiderio di sapere*. Il suo discorso si situa, dunque, sul lato della soggettività, dell'analizzante, del soggetto diviso e non su quello di un sapere già costituito (discorso dell'Università) o dell'essere-oggetto che causa il discorso del soggetto (discorso dell'analista). Ho tentato di descrivere il discorso del maestro,

Gilles Deleuze opponeva la potenza creativa del maestro che sa generare il Nuovo agli effetti sclerotizzanti prodotti dalla istituzionalizzazione scolastica della sua pratica[54]. L'eccentricità della parola del maestro è legata al fatto che il sapere che egli trasmette non si limita a investire il piano cognitivo-intellettuale dell'apprendimento, ma implica sempre e piú radicalmente il piano della verità come esperienza emotivo-soggettiva, quella zona limite («litorale», secondo Lacan) dove il linguaggio tocca davvero il reale. Sicché il sapere che la sua parola promuove non può essere disgiunto dall'esperienza della verità. Il piano cognitivo-intellettuale dell'apprendimento viene scosso da qualcosa che non è né del tutto esterno, né del tutto interno al sapere. La verità non può essere infatti mai ricondotta integralmente alle forme già costituite del sapere ma implica un movimento inesausto di ricerca che trasforma il soggetto che vi si impegna. Ora, questa forma di conoscenza non si limita al sapere ma coinvolge la verità come fattore di trasformazione che non può esistere senza produrre un «effetto di soggettività». Per questo ha ragione Rovatti quando afferma che «insegnare significa, né piú né meno, insegnare a qualcuno a divenire soggetto»[55].

Quando un maestro insegna non è padrone di ciò che insegna, ma s'impegna a inseguire ogni volta ciò che insegna anche quando lo sa già. Piú di preciso, la forza di un maestro consiste nel dire ciò che sa già, nel dirlo nuovamente, con parole nuove, con variazioni differenti, per farlo esistere come un sapere inedito innanzitutto a se stesso. È questo

accostato a quello della testimonianza e disgiungendolo definitivamente da quello del padrone, in Recalcati, *Il vuoto e il fuoco* cit., pp. 150-77.

[54] Cfr. G. Deleuze, *«È stato il mio maestro»*, in Id., *L'isola deserta e altri scritti. Testi e interviste 1953-1974*, trad. it. di D. Borca, Einaudi, Torino 2007, p. 96. Non a caso il maestro al quale in questo articolo Deleuze rende omaggio è ancora una volta Jean-Paul Sartre la cui attività di «insegnamento», salvo un brevissimo e iniziale periodo, non si è mai svolta all'interno delle istituzioni scolastiche e accademiche.

[55] Cfr. P. A. Rovatti, *Soggettivazioni*, in «aut aut», 358/2013, *La scuola impossibile*, a cura di B. Bonato, p. 46.

il solo modo per chi insegna di provare a sottrarsi alla routine conformistica del discorso scolastico che spegne, anziché alimentare, il desiderio di sapere. Per questo Giovanni Gentile racconta che comprendeva di aver fatto una buona lezione solo quando uscendo dall'aula dove aveva appena insegnato aveva egli stesso imparato qualcosa di nuovo.

Nondimeno non esiste maestro che non conosca la fatica della ripetizione. Per questo esso tende a generare serie e in questo consiste del resto, come direbbe Lacan, la sua profonda serietà. Tuttavia, questa serie deve riuscire a preservare ogni volta la possibilità del nuovo, della sorpresa, della luce e dell'onda. È questa la differenza tra il discorso del maestro e quello scolastico, il quale, invece, per principio, rende impossibile il nuovo riproducendo incessantemente solo lo Stesso[56]. È l'effetto-noia come opposto all'effetto di soggettività che il discorso del maestro sa generare: l'attenzione degli allievi cade e si perde. Il discorso scolastico – che Lacan teorizza come discorso dell'Università – è, infatti, un discorso che annulla l'ebbrezza della soggettivazione esigendo solo la ripetizione di ciò che è già stato detto[57]. Diversamente, quando il maestro è impegnato nella ripetizione didattica, l'esercizio della sua parola consiste nel *rendere ogni volta anche il già detto nuovo*. Egli è tenuto a sostenere una postura costantemente in *epochè* che lo obbliga a non accontentarsi di riprodurre il già detto e il già conosciuto. In questo esso corregge con una quota necessaria di isteria l'inclinazione conservatrice e meramente ripetitiva del discorso dell'Università. Tuttavia, diversamente dall'isterica che resta presa in un dinamismo permanente della ricerca privo però di soddisfazione e in-

[56] È questa la prossimità inaggirabile del discorso scolastico con il carattere grigio del discorso dell'Università formalizzato da Lacan. Secondo la logica che ispira questo discorso il sapere può trasmettersi solo in un esercizio continuo di ripetizione dello Stesso (S2) – del già conosciuto e del già detto – e non dell'enunciazione ispirata del Nuovo (S1). Cfr. Lacan, *Il seminario. Libro XVII* cit.

[57] Cfr. Id., *Io parlo ai muri* cit., p. 140.

concludente, il maestro rende possibile l'esperienza della gioia e della gratificazione, generando una soddisfazione pulsionale legata all'acquisizione del sapere come nuovo oggetto libidico. La luce della sua parola coincide qui con l'esperienza inebriante della messa in moto di quella che Melanie Klein ha definito «pulsione epistemofilica». Si tratta di un soddisfacimento intellettuale che non esclude affatto il godimento del corpo. Esiste infatti un erotismo profondo dell'insegnamento e dell'apprendimento che non può essere rimosso. Il godimento della sublimazione non è una rimozione del godimento sessuale, ma un godimento altrettanto ricco di quello sessuale.

Insegnare con autorità.

La parola del maestro contesta l'idea che il sapere sia separato dalla vita, che il sapere sia l'ombra spenta della vita. Un magistero è tale se mostra che il sapere e la vita non sono due mondi paralleli. Il discorso del maestro si regge su quello della testimonianza che è, appunto, l'esperienza che rende inseparabili il sapere e la vita. Un maestro può prescindere dalla testimonianza? In riferimento a Gesú, l'evangelista Marco (1,22) scrive che «insegnava con autorità». Ma quale autorità? Nei termini di Bion l'autorità di un insegnamento dipende dal legame del maestro con O (esperienza di trasformazione dell'essere del soggetto) e non solo con K (dimensione solo cognitiva della conoscenza che non implica alcuna trasformazione dell'essere)[58]. La sua parola sa testimoniare la verità dei suoi enunciati? Se la parola del maestro, diversamente da quella del padrone,

[58] Nel linguaggio di Bion una autentica trasformazione non si genera dal semplice accumulo di conoscenze (conoscenza in K), ma implica l'impatto del soggetto con un reale irriducibile alla dimensione cognitiva della conoscenza stessa (conoscenza in O). È quell'impatto che nel nostro discorso evoca l'immagine dell'onda. Cfr. W. R. Bion, *Trasformazioni. Il passaggio dall'apprendimento alla crescita*, Armando, Roma 1973.

rigetta l'idea di possedere la verità, essa lavora per rendere testimonianza della verità. Ma di quale verità? Un maestro dovrebbe essere privo di contraddizioni, la sua vita dovrebbe testimoniare coerenza e virtú? Le figure di Gesú e di Socrate sarebbero allora i soli modelli ideali di ogni maestro? L'insegnamento di Heidegger, dopo il suo voltafaccia nei confronti del suo maestro Husserl e, soprattutto, dopo la sua adesione al nazismo, non ha piú alcun valore? Oppure un maestro è tale solo se la sua parola testimonia la verità della sua ricerca? Come dire che un maestro non si giudica dalla sua vita, ma dal modo in cui insegna, dallo stile del suo insegnamento, dalla sua capacità di innescare degli effetti di soggettività nei suoi allievi. Infatti, diversamente da Gesú e da Socrate, la testimonianza che il maestro è tenuto a dare non concerne tanto la verità della propria vita, ma il fatto che il sapere che trasmette non sia sganciato dal suo effettivo desiderio di sapere. La verità di cui il maestro deve dare testimonianza non è «la verità della verità», né la verità della propria vita, ma la verità del suo sapere, nel senso che ciò di cui il maestro parla, parla con vivo desiderio, parla secondo la Legge del suo desiderio, *parla di ciò che gli e lo preme*. La verità di cui allora è necessaria la sua testimonianza è, in ultima istanza, la verità del proprio desiderio di sapere. La parola del maestro si nutre di questo desiderio o di altro? È una parola sospinta da questo desiderio o appare piegata ad altre logiche e ad altri interessi? Insomma, dovremmo chiederci, da dove parla quando parla un maestro? Dal suo desiderio di sapere o dal suo interesse per il potere? È questa la domanda che rinvia al problema cruciale della testimonianza. Insegnare con autorità non significa altro che incarnare il proprio desiderio nel sapere di cui si parla.

Daccapo: quale rapporto un maestro è tenuto ad avere col sapere? Resta imbalsamato nel suo riciclo universitario, nel torpore del sapere scolastico o sa introdurre nella rete del sapere il *taglio del suo desiderio singolare*? Ebbene la testimonianza è precisamente il nome di questo taglio. Il maestro rivela qui la sua affinità con l'isterica – l'esempio cardine resta a questo proposito quello di Socrate – nel mostrare che ogni pretesa di padronanza del sapere si rivela come una manovra di potere (discorso del padrone) e che l'estromissione del carisma dell'enunciazione dalla pratica della trasmissione del sapere – la soppressione del transfert come incidenza dal carisma nella relazione didattica richiesta come prerequisito della didattica dal discorso scolastico – conduce solamente al *consolidamento dell'ignoranza*, ovvero a un sapere morto, privo di desiderio[59].

Il desiderio singolare del maestro rende possibile la messa in moto – «trasporto» è una traduzione possibile della parola tedesca *Übertragung* tradotta canonicamente con «transfert» – del desiderio di sapere nei suoi allievi. Per questo il maestro è tale solo se attiva effetti di soggettività in chi lo ascolta. Insegnava con autorità, riferisce il discepolo Marco a proposito di Gesú. Cosa significa, dunque, insegnare con autorità? Quando un insegnamento è davvero autorevole? Quando un maestro sa insegnare con autorità? È solo la qualità del suo insegnamento a rendere autorevole la parola del maestro. Ma per stabilire questa qualità dobbiamo valutare il valore del suo contenuto, dei suoi enunciati o c'è qualcosa che implica in modo piú radicale il piano stesso dell'enunciazione? La risposta s'impone da sé: l'autorità che definisce un insegnamento non scaturisce tanto dai suoi enunciati, ma dal loro punto singolare di enunciazione. È quello che Lacan definiva l'*atopia* del discorso di Socrate come di quello di Gesú[60]: l'enunciazione del maestro è atopica perché sfugge all'*automaton* del discorso istituzionalizzato. Per questa ragione dovremmo cogliere il punto di enunciazione del maestro non nell'ordine del linguaggio, ma in quello de *lalingua*.

[59] Cfr. J. Lacan, *Sapere, ignoranza, verità e godimento*, in Id., *Il mio insegnamento e Io parlo ai muri* cit., p. 98.

[60] Cfr. Id., *Il Seminario. Libro VIII* cit., p. 13.

Quello che orienta il suo discorso non è il dizionario ma ciò che lo eccede[61]. Quando un maestro parla non c'è solo linguaggio all'opera ma anche la presenza silenziosa de lalingua. Accade nelle scuole elementari come nelle aule piú prestigiose dell'Accademia. Il desiderio di sapere di cui il maestro deve dare testimonianza proviene segretamente dalla sua lalingua. Nella sua parola avviene quella contaminazione, che tanto orrore fa al discorso universitario, tra l'universale del codice del linguaggio e il singolare anarchico de lalingua. Insegnare con autorità significa insegnare a partire dalla testimonianza della propria lalingua, dalle tracce dell'Altro sedimentate nel soggetto dalle quali la forza singolare del desiderio ha tratto e continua a trarre la propria spinta. Non abolire il proprio punto di enunciazione sedimentato nei resti de lalingua, ma fare in modo che da questi resti carbonizzati dal linguaggio sorga un discorso contaminato con l'immanenza della vita. È questo il gesto primo dal quale si riconosce un maestro. È questo ciò che rende la sua parola stranamente luminosa, capace di trasformare la polvere di gesso in un resto fecondo.

[61] Lalingua è la carne singolare, la brace mai del tutto spenta dello sciame disordinato della nostra memoria piú arcaica, sulla quale si istituisce il regime simbolico del linguaggio. Per un approfondimento, mi permetto di rinviare a M. Recalcati, *Jacques Lacan*, vol. I: *Desiderio, godimento e soggettivazione*, Raffaello Cortina, Milano 2012, pp. 540-49.

Capitolo terzo
La vita della Scuola

La «vita vera».

Nel nostro tempo si inneggia alla «vita vera» contrapposta al sapere sterile della Scuola. Un noto imprenditore e un altrettanto noto saggio di professione, prestati entrambi alla televisione, in modi diversi ma sostanzialmente simili, ci ricordano che la vera Scuola non è la Scuola, ma la «vita vera» di cui il sapere della Scuola sarebbe solo una pallida e infelice imitazione. E come dare loro torto? L'intraprendenza nella vita vale assai piú di qualunque forma di sapere scolastico. Il corollario di questa convinzione è che i veri maestri non provengono dal sapere ma dall'esperienza; la formazione piú autentica sarebbe, infatti, quella che scaturisce dall'impatto, talvolta anche crudele, con la vita. Non è, dunque, la Scuola ma la vita vera a insegnare quello che a Scuola non si può mai imparare.

Quello che i sostenitori della vita vera contrapposta alla vita falsa della Scuola non riconoscono è che la Scuola nel bene e nel male ha contribuito e ancora oggi contribuisce in modo essenziale a dare una forma singolare alla vita dei nostri figli. La Scuola non è infatti solo un luogo di conservazione di un sapere separato dalla vita, ma dovrebbe essere innanzitutto esperienza della vita del sapere. Ma può esistere un sapere che sia al servizio della vita, che sia una sua manifestazione affermativa e non la sua mortificazione?

Non dovremmo mai dimenticare che il sapere della Scuola non è solo un accumulo di nozioni o di informazioni suddiviso per discipline specialistiche, ma è innanzitutto il luogo di un incontro. In questo senso la formazione che essa rende possibile si costituisce attraverso gli incontri con i maestri e tra gli allievi. L'incontro è la dimensione piú reale della vita vera che la Scuola promuove. Sono infatti gli incontri che abbiamo fatto a dare forma alla nostra vita. Piú precisamente, siamo fatti degli incontri che abbiamo fatto, siamo quello che facciamo degli incontri che ci hanno fatto. Incontri buoni – quelli che hanno allargato l'orizzonte del nostro mondo – e incontri cattivi – quelli che lo hanno ristretto drasticamente[1]. Con cosa? Con la vita del sapere che non è affatto estranea alla cosiddetta «vera vita»[2].

Ricordo che da ragazzo tormentavo i miei insegnanti – in particolare quelli di chimica e fisica – chiedendo loro quale rapporto avesse il sapere che spiegavano con la vita. La domanda era legittima, ma era posta nel luogo e in modo sbagliato. Non erano tanto le nozioni di chimica e fisica a essere in gioco ma il sapere come modo della vita, come spinta della vita a conoscere se stessa. Se hanno ragione il noto imprenditore e il saggio televisivo a criticare una versione solo polverosa e antiquata, triste e decadente della Scuola che distribuirebbe un sapere nato già morto, essi hanno invece del tutto torto a confondere questa versione della Scuola con la vita della Scuola in se stessa.

L'odio per il maestro.

Lo slogan «Basta coi maestri!» è l'equivalente edipico dello slogan «Basta coi padri!» È stato questo uno dei limi-

[1] Nell'*Ora di lezione* parlo di due incontri decisivi per me avvenuti a Scuola: quello con Giulia Terzaghi che ha aperto un mondo inedito e dato un contributo decisivo alla mia formazione e quello, a esso precedente, con la maestra elementare milanese di Cernusco sul Naviglio che riteneva di sapere solo lei cosa fosse la vera bellezza del fuoco e che riprendo piú avanti anche in questo libro. Cfr. Recalcati, *L'ora di lezione* cit., pp. 129-48.

[2] Cfr. P. Lacadée, *La vraie vie à l'école. La psychanalyse à la rencontre des professeurs et de l'école*, Edition Michèle, Paris 2013.

ti ideologici piú significativi dei movimenti del Sessantotto e del Settantasette. La proclamazione di una vita senza debiti simbolici rafforza a dismisura il debito al punto che per cancellarlo senza riconoscerlo diventa necessaria un'operazione di rottura drastica, alternativa a una eredità generativa. L'odio, infatti, come sanno bene gli psicoanalisti, è da questo punto di vista, come soleva ripetere Lacan, una «carriera senza limiti»[3] in quanto non favorisce affatto, come si potrebbe credere, la separazione, ma eternizza un legame anche nella forma del suo rifiuto velenoso. È quello che accade anche nel tempo inquieto nell'adolescenza: la rivendicazione della propria libertà tende a manifestarsi come negazione dell'Altro e non come un suo riconoscimento. In questo senso anche l'innamoramento immaginario e l'idealizzazione del maestro rischiano sempre di rovesciarsi nel loro contrario. Talvolta non senza la responsabilità degli stessi maestri. Per esempio quando costoro non lasciano andare i loro allievi ma li costringono a relazioni feudali di sottomissione passiva e obbediente. Accade, insomma, tra maestro e allievo quello che talvolta avviene anche nei legami primari tra genitori e figli. Il dono piú grande di un genitore, come quello di un maestro, dovrebbe essere quello di sapere lasciare andare chi si è generato senza pretendere nulla in cambio. Si tratta di un vero e proprio atto di donazione perché non c'è nulla da ricevere rispetto a quello che si è dato, poiché nel lavoro di un maestro il dare non è mai simmetrico al ricevere in quanto il ricevere avviene sempre in sovrappiú, non può essere richiesto, atteso, voluto, non può essere programmato. È, dunque, solo nel dare e non nel conservare il proprio sapere che il godimento del maestro trova la sua realizzazione. Lo ricorda efficacemente don Milani quando afferma che compito di un maestro non è accumulare il suo sapere ma offrirlo, darlo[4].

[3] Cfr. J. Lacan, *Il seminario. Libro I. Gli scritti tecnici di Freud 1952-1953*, trad. it. di A. Sciacchitano e I. Molina, Einaudi, Torino 1978, p. 342.

[4] Scuola di Barbiana, *Lettera a una professoressa* cit., p. 110.

Ecco perché un maestro senza allievi è una contraddizione in termini. Un insegnante che dispensa solo insufficienze e non si chiede perché nella sua classe vi sono solo allievi impreparati non ha nulla a che fare con il gesto del maestro. È un burocrate frustrato che esercita un potere solitamente in modo arbitrario se non brutale. Da questo punto di vista un maestro si giudica non solo dal sapere che ha prodotto, ma anche dagli allievi che ha generato. È un insegnamento antico che possiamo ritrovare anche nella cultura zen:

> il maestro e lo studente sono come la campana e la sua risonanza. Lo studente e il maestro sono come le corde che si intersecano della rete da pesca: nodi, non fili separati. Quando il maestro è pronto lo studente apparirà[5].

La gratificazione di un maestro non è quella di detenere il sapere come fosse un potere, ma generare un sapere libero dal potere, un sapere vivo, acceso, i cui effetti possono a loro volta generare allievi che sappiano diventare meglio di lui e che sappiano oltrepassarne l'orizzonte. L'arroccamento dei maestri sulla difesa del proprio prestigio cancella una delle funzioni chiave del maestro che è quella, come direbbe Nietzsche, di sapere tramontare nel tempo piú giusto. Dunque nel lavorare contro se stessi, contro l'ideale di garanzia e di autosufficienza che il carisma del maestro tende a suscitare. In questo senso alimentare il senso critico nei propri allievi significa per un maestro assumere su di sé la propria morte come esito necessario del processo di formazione. Tuttavia, il senso critico non può cancellare la gratitudine. L'odio per il maestro, come accade a Giuda nei confronti di Gesú, non è senso critico ma l'effetto di un ribaltamento drastico dell'idealizzazione nel suo contrario che lascia però intatta quella idealizzazione[6].

[5] L. Hixon, *Living Buddha Zen*, Larson Publications, Burdett (N. Y.) 1995.

[6] Sul rapporto di Giuda con Gesú come paradigma del misconoscimento del debito simbolico che vincola l'allievo al suo maestro, mi permetto di rinviare a M. Recalcati, *La Legge del desiderio. Radici bibliche della psicoanalisi*, Einaudi, Torino 2024.

L'ambivalenza emotiva che contrassegna edipicamente il nostro rapporto col padre può trasferirsi sui maestri che, come il padre, appaiono, nello stesso tempo, irraggiungibili e deludenti perché non coincidenti con la rappresentazione idealizzata dei loro figli-allievi. Di qui il passaggio sempre possibile dall'amore all'odio, dall'idealizzazione alla de-idealizzazione: sui maestri si trasferisce il «rispetto» e le «attese» che da bambini avevamo nutrito per il «padre onnisciente». Lo nota Freud quando scrive che l'inevitabile scoperta che «il padre non è l'essere piú potente, piú saggio e piú ricco della terra» si riproduce nei confronti degli insegnanti coi quali si riedita l'antica ambivalenza affettiva vissuta verso i propri padri[7].

Lo spirito di contraddizione è una deformazione patologica del senso critico: mentre un tempo la parola del maestro veniva adorata come sempre vera, la virata dell'amore nell'odio comporta il totale discredito di quella parola. Estremismo acido che rivela una dipendenza che non è stata sufficientemente elaborata. La caduta del maestro come idolo e l'affermazione dello spirito critico – necessarie a ogni processo di formazione[8] – non precludono affatto la gratitudine per tutto ciò che il maestro ha trasmesso. Per questa ragione la faccia rimossa dell'idealizzazione è – come accade per Giuda – l'invidia rancorosa, la diffamazione, la critica a oltranza, la svendita del maestro, il suo ripudio. Questo accade quando il maestro tradisce delle aspettative che l'allievo ha riposto in lui. Allora il rimprovero spietato prende il posto del riconoscimento del debito e piú è grande il debito, piú si radicalizzano il rimprovero e la delusione. Il maestro che prima era testimone della verità diviene

[7] Cfr. Freud, *Psicologia del ginnasiale* cit., p. 480.

[8] Lo ricorda puntualmente Pasolini quando scrive che «la critica dovrebbe essere la prima cosa da coltivare in un ragazzo, anche se questo dovesse costare la caduta di una infinità di idoli: primo idolo da far cadere è l'insegnante stesso, il quale dovrebbe cosí mostrarsi al suo scolaro con tutta la sua immediata umanità e quasi informe...»: P. P. Pasolini, *Dal diario di un insegnante*, in Id., *Un paese di temporali e di primule*, a cura di N. Naldini, Guanda, Milano 1993, p. 290.

una vipera biforcuta, la sua parola che prima accendeva la vita diviene insopportabilmente falsa, la necessità della sua distruzione prende il posto della gratitudine. Quello che però l'allievo preso nel suo furore critico in questi casi non vede è quanto l'odio che cova nel suo seno sia solo la faccia rimossa dell'amore dipendente che continua a nutrire per il maestro che lo ha irreversibilmente deluso. L'epilogo di una idealizzazione non simbolizzata ha spesso i caratteri dell'odio a morte.

Lo spirito critico.

Come, dunque, favorire l'emergere dello spirito critico senza cancellare la gratitudine verso il maestro? Pasolini ha trovato le parole piú giuste quando scrive che si tratta innanzitutto di porre l'allievo in un

> clima di scandalo e di incertezza, in cui le cose «eterne» non siano quelle imparate a memoria, ma quelle che piú somigliano a delle vocazioni che sono in lui [...] la passione a creare, la curiosità, l'impulso a impadronirsi... È ciò che poi si trasforma nella cosí detta «virtú premio a se stessa», ossia in passione autosufficiente[9].

Non c'è educazione allo spirito critico che non preveda lo scandalo dell'incertezza nel quale le cose imparate a memoria devono essere sottoposte. Solo in questo modo possiamo favorire l'emergere di una curiosità che può divenire il germe di una vera e propria vocazione. Il maestro non sostiene un'immagine stabilita del mondo, non difende un sapere di sua proprietà, non salvaguarda la sicurezza ontologica dei principî immutabili, insomma non difende i suoi allievi dall'impatto con l'onda, con la dimensione ingovernabile e contingente della vita. Piuttosto, come abbiamo visto, il maestro tende a incarnare proprio il movimento dell'onda. Lo ricorda il ritratto che Donatella Di Pietrantonio ci of-

[9] Id., *Scuola senza feticci*, *ibid.*, p. 291.

fre dell'insegnante attraverso la protagonista di *Borgo Sud*. Ella sa bene che non potrà difendere né proteggere i suoi allievi dall'incandescenza della vita, sa bene che il sapere si rivelerà davvero soggettivato solo a partire dall'incontro inevitabilmente traumatico con quella incandescenza:

> Avrei voluto dire un momento, ragazzi, la lezione comincia adesso. Vi state illudendo. Capiterà un incidente, la malattia, il terremoto e i vostri sogni saranno interrotti. Vi perderete. Mantenevo il silenzio, indossavo piano la giacca. Mi saliva una tenerezza, erano cosí giovani, non meritavano la verità. Chi ero io per dirgliela. Magari la sorte li avrebbe risparmiati[10].

Il maestro sospinge verso l'onda ma non squarcia il velo di cui la vita ha bisogno per essere sopportata. Ogni allievo trova il suo tempo singolare per abbandonare la spiaggia e impattare l'onda. L'apprendimento non si realizza per soddisfare quello che il maestro si attende dai suoi allievi, non si piega al principio di prestazione, alla performance necessariamente impeccabile. Perché questa attesa si è dissolta per lasciare spazio al suo silenzio favorendo l'emergere del desiderio del soggetto. È questa la sola cosa che conta, ciò che davvero può produrre un effetto di soggettività. Si tratta di sospingere l'allievo nel fare del proprio desiderio una vera e propria vocazione o, come scrive Pasolini, una «passione autosufficiente». La curiosità non è, in questo senso, l'evitamento della prova o il girovagare da un sapere all'altro senza assumersi la responsabilità di una decisione. Non è la curiosità aleatoria per il nuovo, ma una spinta che ci costringe a rinnovare la nostra stessa vita, a renderla il piú possibile coerente al desiderio che la muove e la rende davvero viva. Non sarà dunque la valutazione a sancire il superamento della prova ma la dedizione della quale ha dato dimostrazione l'allievo nei confronti della sua stessa vocazione.

[10] D. Di Pietrantonio, *Borgo Sud*, Einaudi, Torino 2020, p. 149.

Il maestro difficile.

Il giovane Pasolini, impegnato nella sua professione di maestro in terra friulana, individuava, come abbiamo appena visto, nell'accensione della curiosità il compito primo di un insegnante: «svegliare nell'alunno la coscienza della intelligenza; di qui nascerà la voglia di studiare»[11]. Per questa ragione poteva ritenere in modo sconcertante e provocatorio che lo sforzo di ogni maestro non doveva essere quello di semplificare, ma di «essere difficile». Solo in questo modo, facendosi difficile, avrebbe potuto essere per un ragazzo una «avventura», qualcosa in grado di «svegliare la coscienza» in quanto il «difficile» è sempre «il nuovo», ovvero quello che non appartiene al già visto, al già conosciuto, al già detto[12]. È quello che giustifica la sua critica rispettosa ma ferma all'impostazione didattica di don Milani e della sua Scuola[13]. Non si tratta di facilitare l'accesso al sapere, di ridurre, di semplificare. L'accusa di «riduttivismo» che Pasolini muove con franchezza amichevole ai ragazzi di Barbiana tocca nel vivo una dimensione populistica del loro discorso.

«Io non so chi è questo Gide», scrive a un certo punto uno di loro citato da Pasolini. Come se il rigetto della cultura nel nome dei fatti concreti e dell'esperienza rischiasse di avallare la contrapposizione qualunquista tra sapere e vita reale. A cosa servirebbe, appunto, protestano i ragazzi di Barbiana, conoscere Gide o leggere la traduzione dell'*Iliade* di Monti? È l'errore fatale di ogni ideologia, replica Pasolini, come, ad esempio, quella maoista che ispira la critica delle guardie rosse nei confronti del

[11] Cfr. P. P. Pasolini, *Scolari e libri di testo*, in Id., *Un paese di temporali e di primule* cit., p. 285.

[12] *Ibid.*, p. 284.

[13] Mi riferisco a Id., *La cultura contadina della Scuola di Barbiana*, in «Momento», IV (gennaio 1968), n. 15-16.

sapere considerato borghese e in quanto tale perseguibile[14]. Diversamente da don Milani, nella prospettiva del maestro Pasolini, alimentare la curiosità nei suoi allievi significa, nei nostri termini, accendere il fuoco del desiderio di sapere. Essere difficili non scoraggia la ricerca ma la promuove. Si tratta di una postura fondamentale del maestro. Incarnare una quota di oscurità o di incompiutezza si rivela tanto decisivo quanto il gesto di portare alla luce. Non a caso uno dei miei maestri intellettuali, quale è stato Jean-Paul Sartre, non ha quasi mai portato a termine le sue piú grandi e decisive opere. Tutte sono rimaste incompiute: *L'essere e il nulla* annunciava il suo completamento in una futura opera morale, *I cammini della libertà* aspettava il suo volume conclusivo, la *Critica della ragione dialettica* stessa appare mutilata della sua seconda parte, *L'idiota della famiglia* manca del suo quarto volume che doveva essere dedicato a Madame Bovary. Incompiute sono anche le biografie di Tintoretto e di Mallarmé. Come se in questa incompiutezza si manifestasse il gesto piú proprio del maestro: non chiudere, ma aprire, non definire una volta per tutte ma tornare sui propri passi, riprendere, ridire, fallire meglio.

[14] Tale riduttivismo si manifesta anche nella richiesta esplicita dei ragazzi di Barbiana relativa ai contenuti didattici degli esami di riparazione che dovrebbero essere, appunto, agganciati alla immediatezza della loro semplice vita. Su questa richiesta la critica di Pasolini è pungente ma necessaria, ed è utile riportarla per intero: «"A pedagogia, vi chiederemo solo di Gianni, a italiano, di raccontarci come avete fatto a scrivere questa bella lettera, a latino qualche parola antica che dice il vostro nonno, a geografia, la vita dei contadini inglesi, a storia il motivo per cui i montanari scendono al piano, a scienze ci parlerete dei sormenti (e non 'sermenti' come si dice in italiano puro), e ci direte il nome dell'albero che fa le ciliegie". Allora io vorrei modificare la vostra proposta nella seguente: "a pedagogia vi chiederemo solo di Gianni (sí, del vostro rapporto con Gianni, ma col sussidio anche della psicoanalisi), a italiano a raccontarci di come avete fatto a scrivere questa bella lettera (ma anche a come ha fatto Gide a scrivere una sua pagina); a latino, qualche parola antica che dice vostro nonno (io invece vi direi di leggervi Virgilio in latino, dato che non vi piace la traduzione del Caro); a geografia la vita dei contadini inglesi (sí, dico io, ma anche di quelli cinesi); a storia i motivi per cui i montanari scendono al piano (ma anche cosa succederà del piano quando sarà compiuta l'industrializzazione totale delle campagne); a scienze ci parlerete dei sormenti e ci direte il nome dell'albero che fa le ciliegie (ma rendendovi conto che questa è una realtà ormai fossilizzata)"»: cfr. Pasolini, *La cultura contadina* cit.

Il maestro-difficile è il contrario di un maestro-padrone poiché testimonia innanzitutto la propria castrazione, la propria mancanza di fronte al sapere. Se egli rivela la sua incompiutezza al cuore del suo lavoro è perché considera l'insegnamento impartito come spiegazione definitiva come una illusione che alimenta quel «tutto-sapere»[15] che secondo Lacan è l'illusione piú propria del discorso dell'Università e che, come tale, è avverso a ogni autentico magistero.

L'effetto straniante che ebbe su di me il mio primo incontro con il testo di Lacan, avvenuto nella semideserta biblioteca Sormani di Milano in una estate afosa del 1985, mi aiuta ad accogliere la postura del maestro difficile rivendicata da Pasolini. Mi ero trovato in quei pomeriggi, trascorsi nella penombra della biblioteca, a leggere gli *Scritti* e ad avere la sensazione di essere di fronte a un muro che non sapevo come scavalcare, o, meglio, che appariva del tutto impossibile da scavalcare. Questo muro, anziché scoraggiare il mio desiderio di sapere, lo incrementava. Non mi raccapezzavo, come mai prima d'ora in quel modo cosí estremo di fronte a un testo se non a quello di Hegel, ma questo disorientamento era per me il segno di un vero incontro. È quello che accade ogni volta che la contingenza imprevista di un evento scombussola il nostro modo consueto di stare al mondo. Accade nell'amore ma, come abbiamo visto, può accadere anche quando si apre un libro: qualcosa ci cattura non nonostante ci sfugga la chiave per possederlo, ma proprio perché quella chiave ci sfugge senza scampo. Per questo, come ho già raccontato una volta, compresi bene in seguito la riflessione di Lacan sulla parola *amour* che nella lingua francese porta con sé quella, appunto, del muro, di una parete che separa in modo inesorabile[16]. C'è, infatti, sempre nell'incontro d'amore qual-

[15] Cfr. Lacan, *Il seminario. Libro XVII* cit., p. 30.

[16] Cfr. M. Recalcati, *Ritratti del desiderio*, Raffaello Cortina, Milano 2012, pp. 137-42.

cosa che evoca una alterità che non può essere né assorbita né domata, né mai del tutto compresa. In questo senso il maestro, come in ogni incontro d'amore, incarna l'inassimilabile al già noto, al già conosciuto, al già saputo. È un maestro difficile. L'impatto con il muro che la sua presenza istituisce non concerne una severità priva di umanità, un'apatia lontana o una superiorità indifferente. Tutto il contrario. Il maestro-muro mette in gioco una differenza sostanziale, una asimmetria che non può essere cancellata tra la sua responsabilità e quella dei suoi allievi.

Se una cattiva ideologia libertaria vorrebbe decretare la morte del maestro nel nome di una eguaglianza illusoria, di una forma populista di parità tra maestro e allievo, l'esperienza viva della didattica mostra che il farsi muro del maestro è un modo irrinunciabile per favorire l'emergere di un desiderio di sapere nuovo. Il muro è, infatti, il modo piú essenziale dell'amore: incontro con un *eteros* che non posso diluire in una omogeneità che cancellerebbe ogni differenza, incontro con qualcosa che non è a mia disposizione e che resiste. Allora, come direbbe Pasolini, l'essere «difficile» del maestro non significa essere volutamente oscuri, né difendere una concezione elitaria del sapere, né, tantomeno, fare equivalere disciplinarmente, *alla* Foucault, il sapere al potere, ma suscitare il desiderio di valicare un limite, di oltrepassare una soglia, di farsi catturare dall'enigma che il desiderio di sapere del maestro costituisce per l'allievo. È, come abbiamo visto, il compito fondamentale di ogni maestro: testimoniare il legame tra il mistero del libro e quello del desiderio.

Capitolo quarto

Eclisse e resistenza alla Scuola

Morte del discorso educativo?

È sempre esistita una corrente della pedagogia che, a diverso titolo, ha preteso di liberarsi dell'educazione considerata come un vero e proprio tabú a rovescio: le vite dei figli traggono piú danno che benefici dall'educazione, la quale non sarebbe altro che una museruola messa da genitori paranoici sulla legittima voglia di libertà dei loro figli. Tra i tanti riferimenti possibili possiamo pensare al lavoro di Peter Gray dal titolo, che è già, come si può intendere facilmente, un programma, *Lasciateli giocare*[1]. La tesi che questo libro sostiene è che bisogna restituire ai nostri figli la loro autonomia che una concezione aridamente disciplinare della Scuola gli ha ingiustamente sottratto. La linea, come abbiamo visto, è quella tracciata da *Sorvegliare e punire* di Foucault. Quello che l'autore definisce «istruzione forzata» appare come l'espressione di un discorso pedagogico ridotto a macchina repressiva che spegne ogni forma di creatività nel nome di una esigenza di controllo e di disciplinamento sociale che proviene dal mondo degli adulti.

Ora, questa rappresentazione della problematica dell'educazione risente di una ideologia libertaria che misconosce innanzitutto la funzione della differenza simbolica tra le generazioni e il ruolo essenziale che gli adulti giocano nel processo di formazione. Si tratta di una vera e propria «mutazione antropologica» – per usare una nota espressione

[1] Cfr. P. Gray, *Lasciateli giocare*, trad. it. di A. Montrucchio, Einaudi, Torino 2015.

di Pasolini – che è stata descritta con efficacia da Marcel Gauchet ne *Il figlio del desiderio*[2]. Riassumo sinteticamente il suo ragionamento: se c'è stato un tempo dove l'educazione aveva il compito di liberare il soggetto dalla sua infanzia, oggi si tende invece a concepire l'infanzia come un tempo al quale si vorrebbe essere eternamente fedeli, come una sorta di «ideale del sé» puro e incontaminato da tutti quei condizionamenti culturali e sociali che rischiano di corrompere la sua vitalità. Non si tratta piú di educare il bambino alla vita adulta, ma casomai di liberare il bambino dalla vita degli adulti perché la vita adulta non è una vita, ma solo una sua falsificazione ipocrita, una rimozione morale della vera vita.

Il bambino che detta legge.

Nessun tempo come il nostro – ecco il cambiamento epocale di paradigma – ha mai esaltato in questo modo la centralità del bambino nella vita della famiglia. Tutto sembra capovolgersi: non sono piú i bambini che si piegano alle leggi della famiglia, ma sono le famiglie che devono piegarsi alle leggi capricciose dei loro figli. Nanni Moretti ne fornisce un esempio esilarante in *Caro diario* (1993) dove in una piccola isola delle Eolie i bambini, per lo piú figli unici, diventano i padroni anarchici della famiglia obbligando tutti gli adulti al telefono a prodigarsi in improbabili imitazioni di animali per poter ottenere il permesso di parlare coi loro genitori. Gli adulti si trovano cosí letteralmente appesi alla capricciosità dei loro figli, sequestrati dalla loro indiscussa centralità narcisistica.

Una delle conseguenze piú evidenti e dannose di questa mutazione antropologica consiste nell'aggirare il compito

[2] Cfr. M. Gauchet, *Il figlio del desiderio. Una rivoluzione antropologica*, trad. it. di D. Frontini, Vita e Pensiero, Milano 2010.

etico dell'educazione nel nome della felicità del bambino che solitamente corrisponde a fargli fare tutto quello che vuole: il soddisfacimento immediato non è solo un comandamento del discorso sociale attuale dominato dal mercato e dalla sua offerta illimitata di oggetti, ma attraversa anche le famiglie sempre piú in difficoltà a fare esistere il senso del limite e del differimento necessario della soddisfazione – la Legge del non-tutto . Era una delle tesi maggiori di Freud lettore del disagio della Civiltà: se il programma della pulsione esige il soddisfacimento immediato, la sua civilizzazione esige invece che questa immediatezza imperiosa sia mediata attraverso le vie lunghe del lavoro e del pensiero, attraverso i processi di sublimazione della forza della pulsione.

Nel nostro tempo la funzione civilizzatrice del differimento della scarica pulsionale appare in evidente crisi. Si afferma, infatti, una spinta compulsiva al godimento immediato che non tiene conto di nessuna Legge se non della propria. L'anti-sublimazione prevale sulla sublimazione. Lo spirito del mercato non esige forse la realizzazione del massimo profitto in tempi sempre piú brevi? La sua nuova Legge non è forse quella della spinta al godimento immediato che rende impossibile ogni senso della Legge[3]? Gli esiti di questo processo si possono riassumere con una difficoltà crescente dei nostri figli ad accedere alla dimensione generativa del desiderio. Venendo meno l'incontro con il trauma benefico e virtuoso del limite – con la Legge del non-tutto – viene di conseguenza meno anche la forza del desiderio poiché solo se la vita del figlio riconosce che non tutto è possibile, può fare esistere il desiderio come una possibilità generativamente affermativa. Altrimenti il desiderio si eclissa soffocato dalla marea montante della soddisfazione immediata, da un godimento del tutto che

[3] Cfr. M. Recalcati, *L'uomo senza inconscio. Figure della nuova clinica psicoanalitica*, Raffaello Cortina, Milano 2010.

non tollera alcuna dilazione. È questo un problema cruciale del nostro tempo che costituisce lo sfondo della crisi in cui versa il discorso educativo: l'elevazione del bambino a nuovo idòlo di fronte al quale, al fine di ottenere la sua benevolenza, i genitori si genuflettono. Si tratta di uno degli effetti maggiori dell'erosione della Legge del non-tutto. Da questo punto di vista, non è un caso che nella pedagogia falsamente libertaria che vorrebbe scansare il trauma benefico e virtuoso del limite come condizione per l'affermazione e il potenziamento del desiderio, l'educazione sembra essere diventata una sorta di parola tabú, un peso arcaico dal quale liberarsi, una parola insopportabile che nasconde e giustifica subdolamente il sadismo gratuito degli adulti verso l'innocenza dei figli. In realtà, questa dismissione del concetto di educazione è un modo con il quale gli adulti - che, come ricorda Lacan, sono, in realtà, i veri bambini - tendono a disfarsi del peso della loro responsabilità di dover contribuire a dare una forma alla vita del figlio. Ne è una prova il sospetto con cui molti genitori osservano gli insegnanti che a Scuola si permettono di giudicare negativamente i loro figli o di sottoporli a provvedimenti disciplinari.

Un mestiere impossibile.

Se Freud riteneva che il mestiere del genitore fosse un mestiere impossibile, se cioè pensava che fosse impossibile per un genitore non sbagliare, non manifestare la propria mancanza, questo non significa affatto avallare la diserzione delle proprie responsabilità educative, non significa accettare di farsi dettare la Legge dai propri figli. Non si tratta per i genitori di proporsi come modelli educativi infallibili - niente di peggio per un figlio che avere un padre o una madre che si offrono come misura ideale di una vita pienamente realizzata -, ma di fare sentire ai propri figli che si può vivere in questa vita – nello splendore e nell'atrocità di *questa* vita – con desiderio e soddisfazione. A condizione però che l'esistenza del figlio non esaurisca l'esistenza del mondo. Perché in questo caso saremmo di fronte a un collasso delle possibilità della vita stessa che si troverebbe risucchiata nel chiuso di un legame famigliare privo di ossigeno. Solo se il figlio è non-tutto per il desiderio dei suoi genitori, esso ha la possibilità di separarsi e di realizzare il proprio desiderio. In questo senso il legame famigliare genitori-figli si differenzia da qualunque altro legame perché la sua realizzazione coincide pienamente con il suo scioglimento. Altrimenti la vita del figlio si troverebbe imprigionata nella gabbia d'oro di una famiglia di cui resta l'idolo incontrastato. Lo dichiarava attraverso un lapsus esilarante un giovane adolescente sottoposto alla presenza invasiva dei genitori in quanto unica ragione della loro unione e della loro vita. Commentando uno dei pochissimi viaggi dei suoi genitori senza la sua presenza, disse: «I miei genitali se ne sono andati», anziché «i miei genitori». A segnalare, con l'umorismo amaro che spesso contraddistingue i lapsus, che i suoi genitori gli avevano sequestrato la sua capacità di godere della vita, portandogli via, appunto, i genitali. *Essere* tutto – *essere* il fallo – per i propri genitori significa perdere il diritto di *avere* un proprio desiderio – di *avere* il fallo[4]. È questo, infatti, l'effetto dell'adesività incestuosa che spesso caratterizza nel nostro tempo il rapporto tra genitori e figli, la quale, anziché favorire lo scioglimento del legame famigliare, lo rafforza prolungandolo indefinitivamente. Basti pensare alle piú recenti indicazioni dell'OMS che allungano ai due anni il periodo dell'allattamento!

In un recente colloquio clinico con una famiglia in difficoltà di fronte a un bambino che aveva progressivamente

[4] Cfr. J. Lacan, *La significazione del fallo*, trad. it. di G. B. Contri, in Id., *Scritti* cit., vol. II.

cannibalizzato le loro vite mostrando di non aver incorporato affatto il valore simbolico del senso del limite, il padre, per definirlo, ha utilizzato una espressione eloquente: «Lui pensa di essere il centro del mondo». Aggiungendo però, subito dopo e senza riuscire a trattenere una certa evidente soddisfazione: «Lui non sa quanto per noi questo sia assolutamente vero».

Il disagio contemporaneo della Scuola.

Se teniamo conto della tendenza attuale del nostro tempo, il problema non è piú quello, sottolineato da Foucault, del predominio austero della Scuola-dispositivo come agenzia di disciplinamento e di controllo sociale, quanto piuttosto il suo drammatico disfacimento. Non è piú il rafforzamento disciplinare del dispositivo a definire il disagio contemporaneo della Scuola quanto il suo drastico venire meno[5]. Lo mostrava già diversi anni fa, con una certa efficacia narrativa, un film come *Detachment* (2011) di Tony Kaye, nel quale la funzione simbolica della Scuola-dispositivo appare totalmente surclassata da una indisciplina fondamentale che travolge gli allievi, le loro famiglie e il corpo insegnante, rivelandosi nel suo fondo profondamente incestuosa. È un tratto che si può ritrovare anche sullo sfondo di una piú recente e fortunata serie televisiva titolata *Adolescence* (2025). Gli insegnanti non incarnano piú in nessun modo il ruolo simbolico dell'autorità, ma diventano i bersagli privilegiati delle invettive e delle frustrazioni rabbiose degli allievi sostenuti sindacalmente dalle loro famiglie. In primo piano non è piú la brutalità sadica e autoritaria dell'istanza disciplinare – non è piú la Scuola

[5] Da questo punto di vista, restano perfettamente valide, per quanto mi riguarda, le osservazioni critiche rivolte a Foucault in G. Bottiroli, *Non sorvegliati e impuniti*, in M. Recalcati (a cura di), *Forme contemporanee del totalitarismo*, Bollati Boringhieri, Torino 2007, pp. 118-40.

come apparato ideologico di Stato finalizzato a riprodurre normalizzazione e identificazione omogenea[6] –, ma una indisciplina senza controllo, dunque l'esatto contrario di quello che prefigurava Foucault. Nel ritratto ipermoderno della Scuola non prevale affatto la potenza anonima del dispositivo e della sua finalità disciplinare o di controllo sociale, quanto piuttosto una crisi radicale del discorso educativo in quanto tale. Il disagio contemporaneo della Scuola non è generato dall'irrigidimento dell'addestramento cognitivo e dalla sottomissione dei corpi, non si produce piú dallo sguardo panoptico dell'autorità centrale, ma dalla piú totale indisciplina, dallo sbandamento evidente di ogni normatività, dalla perdita di autorevolezza simbolica degli insegnanti.

L'umiliazione degli insegnanti.

Le aggressioni oscene delle quali gli insegnanti sono sempre piú spesso vittime, da parte dei loro alunni e delle famiglie che ne sostengono in modo arrogante le ragioni, lasciano senza parole e non dovrebbero essere sottovalutate. Si tratta di un vero e proprio oltraggio che colpisce al cuore la nostra vita collettiva. Conosciamo lo sfondo antropologico di questi episodi: una profonda alterazione della differenza simbolica tra le generazioni che ha comportato una frattura del patto educativo tra famiglie e insegnanti. I genitori anziché sostenere gli insegnanti come rappresentanti del discorso educativo si schierano con i loro figli, lasciando gli insegnanti medesimi in una condizione di isolamento. Misconosciuti da uno Stato che non valorizza economicamente il loro lavoro, sovraccaricati di compiti educativi sempre crescenti di fronte a famiglie

[6] Cfr. L. Althusser, *Ideologia e apparati ideologici di Stato*, in Id., *Freud e Lacan*, trad. it. di C. Mancina, Editori Riuniti, Roma 1981.

sempre piú disgregate e latitanti nel sostenere la propria funzione simbolica, sottomessi alle esigenze fasulle della burocrazia, gli insegnanti patiscono una condizione di umiliazione permanente.

Nel nostro tempo ogni loro atto decisionale nel campo dell'educazione rischia di essere guardato dalle famiglie come un sopruso illegittimo, mentre è, al contrario, considerata legittima l'aggressione violenta di genitori e figli verso di loro. La vita dei nostri figli dovrebbe scorrere su di un'autostrada spianata, dove ogni ostacolo, ogni esperienza di frustrazione o di ingiustizia dovrebbe venire sistematicamente rimossa. È il sogno narcisistico dei genitori contemporanei: assicurare ai propri figli una vita facile di successo, risparmiare loro ogni angoscia, fargli credere di essere il centro di tutto. Se allora un insegnante osa mettersi di traverso ricordando che ogni percorso di formazione è fatto di prove da superare, di soglie, di ostacoli, viene travolto in varie forme: dalle denunce al Tar alla violenza fisica e verbale sino a una sorta di bullismo rovesciato, dove sono gli insegnanti a subire da parte delle famiglie e dei loro figli angherie di ogni genere. Come sappiamo bene, in un tempo non lontano l'insegnante godeva di un prestigio sociale e di un'autorità educativa che costituivano un punto fermo per le famiglie e per la nostra vita collettiva. Nondimeno, prima della legittima contestazione del Sessantotto questo prestigio e questa autorità spesso sfociavano in un uso sadico e repressivo del potere a danno degli studenti. È stato necessario un lento ma fondamentale processo di liberazione critica della Scuola da modelli pedagogici sterilmente autoritari. È il contributo imprescindibile dato dal movimento studentesco del Sessantotto. Ma oggi la Scuola non è piú un luogo di indottrinamento ideologico e di esercizio di un potere verticale, brutale e sadico. Non è piú un dispositivo disciplinare o di controllo sociale che costringe le vite dei nostri figli ad adattarsi a pratiche pedagogiche stupidamente coercitive[7]. Piuttosto, in un tempo governato dal mito del successo individuale e del culto idolatrico del godimento immediato, la Scuola si definisce come un luogo di resistenza all'incuria e alla logica produttivistica che ispira l'iperedonismo contemporaneo. Se c'è, infatti, una istituzione che andrebbe custodita e difesa con tutta l'attenzione politica necessaria da ogni forma di prevaricazione, è proprio la nostra Scuola. È grazie a essa che la vita dei nostri figli può allargare l'orizzonte del mondo, fare esperienza della forza della parola, della sua democrazia immanente e dell'erotismo della conoscenza. In questo senso, la violenza brutale di cui gli insegnanti sono vittime non è solo quella esercitata da delle famiglie incivili, ma è anche quella piú diffusa del discredito sociale che li colpisce: penalizzati economicamente, denigrati come lavoratori privilegiati, declassati nel loro prestigio pubblico, irrisi per la loro impreparazione. Dovremmo invece sempre ricordare che ogni rinascita collettiva non può non iniziare dalla Scuola e dalla sua funzione. Quale funzione? Innanzitutto quella di iscrivere la vita dei nostri figli nella dimensione generativa della cultura. È questo, come sosteneva anche Pasolini, il vero vaccino che abbiamo a disposizione per prevenire la dissipazione della vita delle nuove generazioni: consentire l'incontro con la dimensione erotica del sapere, con la cultura come fuoco che accende la vita, trasmettere, attraverso questo vaccino, il desiderio di vita. Se, infatti, come ragionava Pasolini, il vuoto di cultura genera solamente un desiderio di morte di cui era ai suoi occhi un paradigma la diffusione

[7] Il che non esclude che esistano ancora insegnanti di tal fatta, quelli che Steiner definiva, come abbiamo già visto, «distruttori di anime e di speranza». Tuttavia oggi essi appaiono come scorie di un discorso antiquato che non è tendenzialmente rappresentativo del nostro tempo, dove, tra l'altro, all'esercizio brutale del potere si è sostituita una semplice disaffezione frustrata per il proprio lavoro. In questo senso la rivendicazione da parte del ministro dell'Istruzione e del merito Valditara dell'umiliazione pubblica come strumento educativo, anziché ridare dignità al discorso educativo, lo fa purtroppo regredire drammaticamente a un tempo che ha preceduto il Sessantotto e del quale sarebbe opportuno non avere alcuna nostalgia.

epidemica della tossicomania giovanile – la droga è solo un «surrogato» che punta a riempire il vuoto causato dal desiderio di morte –, solamente la diffusione della cultura può animare un desiderio di vita che agisca come vaccino preventivo di fronte al rischio del carattere contagioso e dissipativo del desiderio di morte[8].

Qualcosa non si può educare.

Nel ricordare il carattere impossibile del mestiere del genitore Freud dava, in realtà, due notizie diverse. La prima, piuttosto disarmante, è che fare il genitore è un mestiere impossibile perché ci espone continuamente ai nostri inevitabili fallimenti. La seconda, quella che forse può rincuorare, è che i migliori genitori sono quelli piú consapevoli di questa impossibilità. Con l'inevitabile conseguenza che i peggiori sarebbero invece quelli che si istituiscono come genitori esemplari. Ma perché, chiediamoci, il mestiere del genitore sarebbe impossibile? Perché, come mostra l'esperienza, non si può esercitare questa funzione se non in modo sempre, piú o meno, insufficiente, incerto, provvisorio. Il processo dell'educazione dei figli non può che essere una difficile e avventurosa navigazione a vista. La mano dell'educatore non può essere una mano ferma che scongiura il dubbio e l'angoscia. Era questo l'ideale patriarcale che si palesava dietro la confusione tra il padre e il maestro. Pilastri inaffondabili ai quali agganciare la propria vita. Gli ideali di obbedienza, sottomissione, disciplina, gerarchia, onore ereditati dalla tradizione avevano rafforzato quella equivalenza in maniera circolare: il padre è come un maestro e un maestro è come un padre.

[8] Cfr. P. P. Pasolini, *La droga: una vera tragedia italiana*, in Id., *Lettere luterane*, cit., p. 98.

Il monito freudiano ci invita invece a vedere i peggiori genitori e i peggiori insegnanti in coloro che si propongono come modelli ideali di maestri o di padri e madri. Il mestiere del genitore non a caso condivide con quello del maestro l'impatto con il muro dell'impossibilità. Impossibile educare, governare e psicoanalizzare, sostiene Freud. Sarebbero questi i tre mestieri impossibili. Quello del governatore e dello psicoanalista sono esposti all'incontro con l'ingovernabile e con l'inanalizzabile. Quello dell'insegnante e dell'educatore all'incontro con l'ineducabile. Qualcosa non può essere educato, qualcosa eccede sempre i nostri piani, scarta di lato, sfugge alla presa, resiste a ogni pratica di normalizzazione. Ed è proprio l'incontro con questo reale refrattario a ogni disciplinamento simbolico, l'esperienza che accomuna genitori e insegnanti impegnati nell'impossibile mestiere dell'educare. Nessuno può, infatti, possedere la risposta infallibile su quale sia il senso della vita, del bene e del male, del giusto e dell'ingiusto. Nondimeno nessuno può garantire felicità o piena realizzazione alla vita dei propri figli. Tutti coloro che si trovano impegnati nella responsabilità di educare sono costretti a barcamenarsi alla meno peggio rinunciando alla favola della mano sicura che guida con sguardo aperto verso il futuro la vita dei propri figli. Questo spiega anche perché i peggiori genitori siano, a giudizio di Freud, quelli che invece pensano di essere dei buoni genitori, di incarnarne il loro modello ideale. Sovente la psicoanalisi raccoglie i cocci provocati da questo tipo di genitori eccessivamente identificati alla loro funzione educativa. È un perfettismo superegoico sempre foriero di disastri pedagogici. Accadde, tra gli altri, al povero Daniel Schreber, presidente della Corte di Appello di Dresda, paranoico delirante, che dovette sopportare da bambino il sadismo folle di un padre pedagogo, inventore di apparecchi educativi finalizzati a correggere la scarsa forza di volontà dei suoi figli. Si trattava di un correttore – una croce di ferro da porre dietro alla schiena – che costringeva i suoi figli a mantenere una postura seduta retta, senza cedere a pigre curvature. L'educazione veniva intesa in senso pienamente disciplinare, come, per usare una formula di Foucault, una «scritturazione» del corpo, una sua plasmazione[9].

La maestra milanese.

La mia maestra milanese delle scuole elementari che fumava nervosamente Muratti in aula, portando sulla sua testa uno chignon improbabile che intendeva rimarcare la sua totale estraneità, prima di tutto sociale e razziale, nei nostri confronti, figli del popolo di una Scuola di provincia, è un esempio fulgido di questa pratica di scritturazione. La sua idea botanica dell'educazione come raddrizzamento delle viti storte manifestava l'odio profondo che provava nei confronti di tutti quelli che apparivano «anormali» sin dalla loro origine[10]. L'educazione e l'istruzione dovevano emendare quello che in natura era nato male. Innanzitutto si trattava di estirpare la lingua dei nostri padri. Il dialetto si scheggiava infatti sul nostro processo di alfabetizzazione in modo insopportabile. L'operazione doveva essere di purificazione perché in quella lingua senza grammatica e senza nobilità – la lingua dei nostri padri – si rifletteva tutta la nostra selvaticità e la nostra inadeguatezza ad apprendere. Ma la stortura principale era quella di essere dei bambini che, come tali, amavano l'aperto. Quando cadde la prima neve i nostri sguardi abbandonarono la figura acida della maestra per rivolgersi al campo di calcio adiacente alla scuola che si ricopriva lentamente di bianco. Stizzita, la nostra tutrice ci impose di metterci in fila indiana conducendoci sul campo di calcio e chiedendoci di mettere le nostre mani tra la neve. Passarono cinque minuti prima di

[9] Cfr. Foucault, *Sorvegliare e punire* cit., p. 208.

[10] Del carattere traumatico del suo incontro nella mia formazione mi sono soffermato in Recalcati, *L'ora di lezione* cit., pp. 130-33.

avere il permesso di toglierle. A quel punto erano diventate due specie di bistecche. Una volta a casa le mostrai a mio padre che mi chiese cosa fosse successo. Dopo la mia spiegazione mi tirò uno schiaffo in pieno volto esprimendo tutta la sua solidarietà verso la nostra maestra e il suo impegno di raddrizzarci la spina dorsale floscia e storta.

Ma si può avere nostalgia per questa alleanza educativa e, soprattutto, per quell'uso abnorme e fascista della autorità? Si può rimpiangere la maestra che fumava nervosamente Muratti in classe godendo biecamente nell'esercizio sadico del suo piccolo potere? Ci può essere qualcosa di piú meschino di questo? Eppure la rigidità educativa, l'implacabilità nell'applicazione severa della Legge, costituisce ancora oggi per molti una fonte di ispirazione per uscire dall'attuale impasse in cui versa il discorso educativo. Ma è possibile? In realtà, non c'è nessuna speranza di riabilitare questo discorso rimpiangendo nostalgicamente un tempo in cui la parola dell'insegnante non trasmetteva alcun desiderio di sapere, alcun erotismo della conoscenza, ma solo un autoritarismo fine a se stesso, una esigenza disciplinare che esclude ogni passione per il sapere. Invece è proprio da quello che la nostra maestra milanese ignorava che bisognerebbe ripensare la vita della Scuola. Si tratta di una testimonianza di cui i nostri figli hanno assoluta necessità. Quale testimonianza? Della testimonianza che la vera vita non è disgiunta dal desiderio di sapere perché il sapere può essere un modo fondamentale per allargare la vita, per renderla piú viva. Mentre il sapere trasmesso dalla nostra maestra si separava irreversibilmente dalla vita confondendosi con il potere, con una disciplina che uccide ogni possibile erotica del desiderio, la testimonianza di un maestro degno di questo nome è innanzitutto quella di mostrare che il sapere può essere un vero e proprio oggetto libidico. Per questa ragione un maestro non insegna mai controvoglia, non vive il suo lavoro come un supplizio, non vive nella frustrazione, ma, piuttosto, quando insegna non vorrebbe essere in nessun altro luogo se non in quell'aula, davanti ai suoi appunti e alle citazioni che ha preparato per la sua lezione. Non è questa la luce delle pepite d'oro che il mio giovane paziente universitario estraeva nel suo sogno dalla bocca del vecchio professore?

L'educazione come regolazione.

Affermare, come fa Freud, che educare è un mestiere impossibile significa sostenere che non esistono manuali in grado di spiegare come si fa a essere un genitore o un insegnante sufficientemente buono e che, di conseguenza, diversamente da quello che pensava la mia maestra milanese, non esistono istruzioni standard per educare in modo adeguato la vita di un figlio o di un allievo. La credenza scientista, al limite della superstizione, alimenta invece la fantasia che esistano ricette predefinite e valide per tutti capaci, per esempio, di rendere le cure genitoriali efficaci. Manuali che spiegano come regolare il sonno del proprio bambino, il suo appetito, le sue facoltà cognitive, il suo temperamento, la sua socializzazione, il suo comportamento in generale. Manuali che spiegano ai genitori come calibrare nella giusta misura gratificazioni e frustrazioni, premi e punizioni, affettività e normatività. Non casualmente questo proliferare di un sapere educativo prêt-à-porter fiorisce proprio nel momento in cui si assiste al tramonto dell'autorità simbolica in tutte le sue declinazioni, prima fra tutte quelle del *pater familias*. Se il tempo del padre-padrone si è esaurito, se il ricorso alla sua autorità simbolica non soccorre piú l'esercizio del mestiere impossibile dell'educare, bisogna allora affidarsi a manuali dall'aspetto piú democratico e ammantati da una parvenza di scientificità per orientare con sicurezza la vita dei nostri figli. Ecco allora apparire un esercito di esperti specializzati sulla funzione genitoriale che spiegano – di fronte al vuoto lasciato dal declino (benedetto) dell'ideologia patriarcale – in che cosa consisterebbe la «giusta» educazione.

Nel nostro tempo, sullo sfondo del declino del carisma del padre e dell'autorità simbolica che esso rappresentava, tende a prevalere una concezione scientista dell'educazione. Una pletora di istruttori di genitori (solitamente, a loro volta, genitori spesso protagonisti di sonori fallimenti educativi) si prodiga nell'elencare le regole che dovrebbero garantire un successo educativo. In questo modo la vita del figlio viene in sostanza equiparata a quella di un cavallo che deve essere opportunamente addestrato. Il carattere selvatico della sua natura deve essere domato da una sorta di psicotecnica educativa[11]. Potrà cosí imparare il galoppo, il trotto, gli esercizi di abilità ai quali lo sottoporremo nell'obiettivo di renderlo il piú possibile docile ai nostri comandi. In questo modo l'educazione cesserà di essere un mestiere impossibile per diventare una psicotecnica di addestramento e di disciplinamento del corpo e del pensiero. Non sarà il processo tortuoso di umanizzazione della vita, ma una sorta di continuo *dressage* che impone al figlio di raggiungere un grado sufficiente o ideale di capacità prestazionale. Ma possiamo davvero pensare che l'educazione si possa ridurre a procedure di regolazione della vita?

Il vuoto nel sapere.

È davvero la restaurazione della regolazione disciplinare la via per provare a reinventare un modello educativo alternativo a quello che abbiamo ereditato dall'ideologia patriarcale e dai fallimenti di quello libertario post-Sessantotto? I migliori genitori, ci ha spiegato Freud, non sono

[11] Sul concetto di «psicotecnica» e per una sua ben piú ampia articolazione, rimando a B. Stiegler, *Prendersi cura. Della gioventú e delle generazioni*, trad. it. di P. Vignola, Orthotes, Napoli 2014.

quelli che pretendono di incarnare un modello esemplare di umanità agli occhi dei figli, ma quelli consapevoli della loro insufficienza e della loro mancanza. Mentre i primi affermano l'esistenza di un sapere predefinito alla quale la vita dei figli deve essere formata, i secondi rifuggono da un sapere universale, standard, valido per tutti perché consapevoli della sua inesistenza. Il processo educativo fa sempre i conti con un buco nella rete del sapere che non può essere rammendato. Mentre il nostro tempo, ammalato di scientismo, tende a considerare l'educazione come un processo tra gli altri che deve adeguarsi a determinati criteri standard, i genitori consapevoli dell'impossibilità del loro mestiere sono invece quelli che tengono conto che le maglie del sapere e della tecnica che lo dovrebbe applicare sono lacerate. Il sapere non può infatti sovrapporsi perfettamente alla vita. Esiste una non-identità fondamentale che impedisce che questi due piani si sovrappongano. Scarto insopprimibile che è al cuore di ogni processo educativo. Il discorso pedagogico standard è qui costretto a capovolgersi: non si tratta di applicare il sapere alla vita, di rendere la vita uniforme a quel sapere, ma, al contrario, si tratta di riconoscere come l'assoluta singolarità del soggetto coincida esattamente con il buco nella rete anonima del sapere universale.

Senza il riconoscimento che prende corpo nel segno d'amore la vita del figlio si ammala, si depotenzia, si disperde. Lo chiedo ogni volta che mi trovo di fronte a una coppia di genitori che lamentano delle problematiche relative ai loro figli. Non mi interesso tanto di come siano o meno riusciti a trovare il giusto compromesso tra la loro funzione normativa e quella permissiva, tra la frustrazione e la gratificazione – tra il rosso e il verde che dovrebbero, nella loro alternanza semaforica, garantire l'esercizio di una autorità attendibile –, ma mi interesso prima di tutto di cosa sia questo figlio nel desiderio dei suoi genitori. È stato un figlio desiderato? È amato? È riconosciuto nella sua singolarità? Il presupposto che chiarisce la centralità clinica di queste domande è dato dal fatto che quello che piú conta nel processo di umanizzazione della vita è la fede dei genitori nel desiderio dei propri figli. E la prima forma che assume questa fede è nell'aver desiderato il proprio figlio, nell'avere voluto la sua esistenza, nel non averlo vissuto come un ingombro, come un peso superfluo o fastidioso. È, infatti, il desiderio dei genitori ad agganciare la vita del figlio all'ordine del senso. Quando invece questo desiderio è mancato o appare sovrastato da altre esigenze, il desiderio nella vita del figlio sembra non trovare iscrizione. In altre parole, piú un figlio ha ereditato il desiderio dei suoi genitori, piú il suo desiderio tenderà a rivelarsi come affermativo. All'inverso, meno un figlio avrà ereditato il desiderio dei suoi genitori e piú avvertirà la propria vita come un peso, privata dalla incidenza del desiderio. Questo significa che nessuna regola comportamentale può compensare l'assenza del segno d'amore che sa riconoscere la particolarità reale del figlio al di là di ogni sua rappresentazione ideale.

Ebbene, il dono del desiderio da parte dei genitori si rinnova in quello del maestro. Non si tratta di esigere l'uniformità dell'allievo all'immagine ideale del suo maestro, non si tratta, come abbiamo già visto, di schiacciare la formazione sulla conformazione. E lo stesso si deve poter dire nel rapporto tra genitori e figli: non si tratta di sottomettere il figlio agli ideali dei suoi genitori, di renderlo uniforme alle loro aspettative o ai loro progetti. Il figlio e l'allievo hanno diritto a essere singolari, non uniformati alle attese dell'Altro. Per questa ragione il desiderio dei genitori come quello di un maestro dona la possibilità della sconfitta e del fallimento, insieme a quella di rialzarsi e di ripartire. Dona loro la libertà di essere diversi da come li avremmo voluti; li lascia essere quello che sono, come sono. Visto in questa luce l'intero processo educativo assume una nuova fisionomia rispetto a quella dell'educazione disciplinare. Non è l'esito dell'applicazione di un sapere universale sulla singolarità storta dell'allievo o del figlio, ma il riconoscimento che questa singolarità anomala è ciò che scava una differenza irriducibile a ogni sapere universale. Nel rimarcare che nel processo educativo c'è dell'impossibile, Freud evoca in fondo proprio questa differenza.

La differenza tra le regole e la Legge.

Che cosa ha consentito la riduzione del processo educativo all'ideale di una mera regolazione comportamentale della vita del figlio? Il nostro tempo sembra ignorare la differenza fondamentale che distingue il piano delle regole da quello della Legge. Si tratta di un riduzionismo pedagogico rilevante: il piano della Legge viene dissolto e ridotto a quello pragmatico delle regole. Lo abbiamo visto: l'educazione coinciderebbe – a partire da questa riduzione – con una mera regolazione comportamentale della vita del figlio. Si tratta di uniformare questa vita a dei criteri standard, a delle norme universali che dovrebbero definire la vita del figlio, appunto, come normale. Le regole agiscono, infatti, come degli impedimenti esterni che esigono giustamente di essere rispettati. È la loro natura semaforica: l'alternanza tra il rosso e il verde consente al traffico di circolare in maniera ordinata. Le regole selezionano i comportamenti adeguati a partire dal sanzionamento della loro eventuale trasgressione. Il rispetto delle regole è una condizione basale per rendere possibile la vita insieme. Se i semafori non funzionassero piú da un momento all'altro il traffico di una città impazzirebbe, genererebbe caos, risulterebbe ingovernabile. Nondimeno non è possibile ridurre l'educazione a questo rispetto proprio perché le regole, nel loro carattere necessariamente anonimo e universale, impongono solo una regolazione comportamentale della vita. L'educazione, invece, definisce un processo di umanizzazione della vita che ha al suo centro l'iscrizione del senso della Legge nel cuore del figlio. Non si tratta, dunque, di adeguare il comportamento del soggetto all'universalità anonima della regola, ma di una vera e propria trasformazione soggettiva. Nel testo biblico, se si vuole, questa differenza tra la regola e la Legge viene indicata già da Mosè quando egli pone il problema del rapporto che sussiste tra la Legge scritta sulle tavole di pietra e quella che deve poter iscriversi invece in un «cuore di carne» (*Ez*, 36,26). Ebbene, senza questa seconda iscrizione la Legge resterebbe di fatto una lettera morta. Non a caso, come accade nel nostro Paese, la moltiplicazione delle regole segnala sempre una difficoltà nella trasmissione del senso della Legge. Le regole si moltiplicano a dismisura nel tentativo di compensare il venire meno della trasmissione del senso della Legge. Ma se le regole sono solo degli impedimenti esterni finalizzati a rendere vivibile la vita con altri, qual è il senso della Legge che dovrebbe invece essere compito di ogni processo di educazione trasmettere da una generazione all'altra? La Legge è ciò che introduce, come abbiamo già visto, nel cuore dell'uomo il senso del non-tutto o se si preferisce, il senso dell'impossibile. È solo nell'acquisizione che non tutto è possibile che la vita può assumere, infatti, la sua forma umana. L'esperienza del limite, come ricorda lo stesso Freud, è a fondamento della formazione della vita del figlio. Senza la limitazione della spinta pulsionale non vi sarebbe possibilità di umanizzazione della vita. Freud definisce questa limitazione come la necessità di una castrazione simbolica che rende possibile una civilizzazione a condizione di una «rinuncia pulsionale» al godimento immediato[12]. Il senso della Legge sorgerebbe da questa castrazione, anzi, ne sarebbe la piú pura espressione: non tutto è possibile. Non posso sapere tutto, essere

[12] Cfr. S. Freud, *Il disagio della civiltà*, trad. it. di E. Sagittario, in Id., *Opere*, vol. X: *1924-1929*, Boringhieri, Torino 1978, p. 587.

tutto, godere di tutto, avere tutto. Nondimeno, è proprio l'iscrizione del non-tutto nel soggetto che rende possibile la messa in moto della vita, la trascendenza del desiderio. Si tratta dell'eredità biblica della psicoanalisi che ho cercato recentemente di chiarire: se la Legge custodisce il senso del non-tutto non è per mortificare il desiderio – per schiacciare la vita sotto il peso della Legge – ma per rendere possibile il movimento generativo del desiderio, la sua vita sovrabbondante, la sua *dynamis*[13]. È questo il centro del processo di umanizzazione della vita. Il senso della Legge non si manifesta tanto nell'esercizio dell'interdizione fine a se stesso, ma fa esistere l'esperienza del non-tutto solo perché possa darsi quella del desiderio. Solo se il tutto è impossibile il desiderio può acquistare la sua spinta, può divenire una forza affermativa. Uno dei grandi temi della crisi del discorso educativo contemporaneo, non a caso, è proprio quello del venire meno della vocazione del desiderio. Effetto di una difficoltà di trasmissione piú generale del senso della Legge da una generazione all'altra.

Testimoniare il senso della Legge.

Nel film *Il figlio* dei fratelli Dardenne (2002) è in gioco un processo di rieducazione. Il protagonista, Olivier, è un carpentiere che da quando ha perduto il proprio figlio, strangolato brutalmente da un coetaneo, si dedica al recupero di giovani che hanno compiuto reati e sono stati poi coinvolti in un processo riabilitativo. Apprendere un mestiere è un modo per introdurli al rispetto delle regole. In questo contesto gli verrà affidato l'assassino di suo figlio senza che il ragazzo sospetti nulla dell'identità dell'uomo. Olivier coltiva questo legame cercando di penetrare nel segreto del ragazzo che ha tolto la vita a suo figlio. Ma le

[13] Cfr. Recalcati, *La Legge della parola* cit.; e Id., *La Legge del desiderio* cit.

sue domande sul perché di questo atto cozzano contro la stupida realtà di un furto andato a male. Quando poi il ragazzo viene a sapere della vera identità dell'uomo, cerca di fuggire nella convinzione che costui possa fargli del male, ma Olivier lo rincorre e raggiuntolo lo afferra per la gola. L'atto cruento e senza Legge del ragazzo si ripete cosí nella spinta dell'uomo a fare ritorsivamente su di lui quello che egli ha fatto su suo figlio. I due si trovano come catturati da uno specchio, a parti invertite: non è il ragazzo che strangola la sua vittima, ma è il ragazzo che rischia di essere strangolato dalla furia vendicativa del padre del figlio che è stato ucciso. A quel punto Olivier si trattiene, frena la sua spinta vendicativa, non cede all'ira e alla violenza. L'esecuzione della vendetta resta sospesa lasciando spazio per una nuova vita. Dopo la lotta i due si ritrovano per lavorare insieme alla legatura della legna che devono trasportare. La corda che l'uomo impugna e con cui, con l'aiuto del ragazzo, lega la legna non è però piú uno strumento di violenza – come potrebbe essere –, ma uno strumento che rende possibile una conciliazione. Non è una corda che impicca, strangola, uccide ma un filo inedito che unisce i due in una relazione nuova. In quel momento è come se anche il ragazzo, grazie al gesto dell'uomo che trattiene la propria furia omicida, ritrovasse nel suo cuore il senso piú profondo della Legge. Ma affinché questo sia potuto avvenire, è stata necessaria una testimonianza della Legge da parte di Olivier – rinunciare alla violenza della vendetta – per rendere possibile la sua trasmissione effettiva e non retorica. La ripetizione della violenza viene interrotta lasciando il posto al perdono come possibilità della vita di tornare alla vita. Il rispetto delle regole – il percorso di riabilitazione intrapreso – non era sufficiente a operare questo passaggio di discorso. È stata necessaria una testimonianza del senso della Legge – «Non uccidere!» – perché la Legge potesse trasmettersi da una generazione a un'altra. Il piano comportamentale del rispetto delle regole si rivela inadeguato per generare una trasformazione profonda nell'essere del giovane assassino. È stato invece necessario l'incontro con un testimone della Legge e del suo senso.

Cosa resta della famiglia?

La ferocia del giovane famiglicida di Paderno che ha occupato le cronache qualche tempo fa non può essere separata dal candore della sua autogiustificazione: volevo separarmi da loro, volevo non subire piú l'oppressione della mia famiglia, dichiarava il figlio assassino[14]. In gioco, come si vede, è un grande tema che impegna in realtà ogni adolescente: come svincolarsi dai legami primari per trovare la propria libertà? Come diventare quello che si è al di là delle aspettative dei propri genitori? Come separare il proprio desiderio dalla loro domanda? Tuttavia, quello che in questo caso trasforma la legittima esigenza di individuazione e di separazione che ogni adolescente porta con sé in un dramma è la brutalità del passaggio all'atto criminale. La separazione dalla famiglia non è avvenuta attraverso una operazione di simbolizzazione, per la via di una elaborazione di pensiero soggettiva, né mediante la dialettica anche conflittuale della parola, ma solo per la «via breve», come direbbe Freud, della violenza omicida[15]. Il taglio simbolico della separazione non è stato elaborato soggettivamente, ma viene agito crudelmente nel reale. Si tratta di un altro esempio eloquente della crisi contemporanea del senso della Legge che dovrebbe invece orientare

[14] Il riferimento è a quanto accaduto a Paderno Dugnano (Milano) la notte tra il 31 agosto e il 1° settembre 2024.

[15] La «via breve» in Freud consiste nel raggiungimento della soddisfazione per via allucinatoria anziché per la «via lunga» del pensiero. Di qui l'omologia che possiamo dedurre tra il passaggio all'atto violento e l'allucinazione. Cfr. S. Freud, *Precisazioni su due principî dell'accadere psichico*, trad. it. di C. Musatti, in Id., *Opere*, vol. VI: *1909-1912*, Boringhieri, Torino 1974.

il discorso educativo. In questo modo il passaggio all'atto violento subentra all'inattività simbolica dell'Altro. Tanto piú questo Altro è assente o carente – inattivo appunto –, tanto piú si attiva lo scatenamento della violenza. La mancanza di parola – segno primario dell'inattività dell'Altro simbolico – tende a produrre cortocircuiti nei quali i passaggi all'atto prendono il posto delle parole impossibili da pronunciare. Ma mentre il ricorso alla parola implica una «via lunga» – quella del confronto con l'Altro –, il ricorso alla violenza nutre l'illusione di una realizzazione del proprio desiderio senza mediazioni simboliche, nutre l'illusione per una «via breve». È la differenza tra il sogno e la veglia, tra il principio di piacere e il principio di realtà, tra allucinazione e percezione, che, come accade al giovane assassino di Paderno Dugnano, viene meno. In questo senso il passaggio all'atto violento in generale e ancora piú, in particolare, nel tempo dell'adolescenza, assomiglia a una vera e propria allucinazione. Esso punta a realizzare immediatamente quello che nella realtà appare invece impossibile. Nell'allucinazione il soggetto realizza, infatti, d'un solo colpo, quello che non è in grado di simbolizzare. Si tratta però di una tremenda e tragica scorciatoia. Se in ogni adolescente esiste il sogno legittimo di emanciparsi dai vincoli della propria famiglia, non tutti gli adolescenti ricorrono all'esercizio efferato della violenza per appagare questo sogno.

Il conflitto tra le generazioni deve svilupparsi sul piano simbolico e non cortocircuitare nel reale. In gioco è una perdita – quella che ogni separazione comporta – che deve essere elaborata in un lasso di tempo adeguato senza illudersi che possa compiersi in un solo istante di violenza cieca. Non a caso, infatti, molto spesso il passaggio all'atto violento irrompe rifiutando il lutto doloroso che ogni separazione comporta. È un modo per liberarsi di legami vissuti come «disperanti», ovvero legami che appaiono, al tempo stesso, come indispensabili e come insopportabili, come necessari e come soffocanti, come l'ossigeno che è indispensabile alla vita e come un gas velenoso che la uccide[16].

In altre occasioni, invece, la violenza giovanile è vissuta come una risposta alla violenza supposta o effettivamente subita da parte degli adulti. Da questo punto di vista si potrebbe anche sostenere la tesi che la violenza giovanile è sempre, alla sua radice, una violenza difensiva anche quando appare nella sua forma piú rabbiosa e aggressivamente rivendicativa[17]. Non a caso il giovane assassinio di Paderno Dugnano sembra abbia covato il desiderio di arruolarsi nelle truppe ucraine per aiutare quel Paese a difendersi dall'aggressione ingiustificata della Russia come se si trovasse di fronte alla messa in scena del suo stesso fantasma inconscio. Spesso la violenza adolescente porta con sé un fantasma giustizialista: di fronte ai soprusi o all'indifferenza degli adulti, il passaggio all'atto criminogeno esplode come una sorta di accusa senza appello. Con la complicazione tragica che l'autore del crimine si elegge giudice e boia nel medesimo istante senza dare alla sua vittima nessun diritto di replica.

Ma piú in generale, il passaggio all'atto violento avviene sempre sullo sfondo di uno sfaldamento fondamentale della Legge della parola. La violenza, infatti, come sappiamo, non parla, ma interrompe ogni forma di dialogo rendendolo semplicemente impossibile. La genesi di ogni guerra ha questo presupposto: la Legge della parola – la politica, la diplomazia, il diritto internazionale – viene misconosciuta dall'esercizio della forza militare, da una violenza che rigetta ogni forma di dialogo. In questo senso, l'atto criminale di questo giovane non mette tanto sotto accusa

[16] Il concetto di «legame disperante» si trova in V. Cigoli , C. Galimberti e M. Mombelli, *Il legame disperante. Il divorzio come dramma di genitori e figli*, Raffaello Cortina, Milano 1988.

[17] Si tratta di una tesi che non può ovviamente essere generalizzata. Il crimine giovanile implica una varietà estrema di casi, tra i quali anche quelli in cui il ricorso alla violenza non avviene in chiave difensiva, ma in chiave apertamente predatoria. Cfr. M. Grimoldi, *Dieci lezioni sul male. I crimini degli adolescenti*, Raffaello Cortina, Milano 2024.

il carattere «smidollato» dei suoi genitori o la frammentazione della famiglia ipermoderna – che tanti psicologi, fustigatori mediatici, individuano come primi responsabili della crisi del discorso educativo in cui siamo immersi –, ma un'epoca intera che sputa senza ritegno su quella Legge.

Le famiglie non possono essere considerate come delle nicchie separate dalla società perché respirano la sua aria a pieni polmoni. Il nostro tempo non è, dunque, solo il tempo dell'evaporazione della famiglia patriarcale, ma è anche il tempo che non sa offrire risposte a quella evaporazione se non sul piano del rimpianto nostalgico del passato o della critica nichilistica del legame famigliare tradizionale. Il problema consiste invece in come si possa essere dei genitori sufficientemente buoni in un tempo dove il carattere impossibile di questo mestiere è messo a dura prova da una realtà che svaluta sistemicamente il valore testimoniale della parola. Non si tratta allora di riesumare una vecchia e ormai decrepita autorità, né di disprezzare il legame famigliare come tale, ma di dare sempre piú valore alla testimonianza singolare di cosa può voler dire essere degli adulti attendibili. Quanto, per esempio, i media sanno valorizzare gli infiniti atti di testimonianza genitoriale positivi e non solo esibire i drammi famigliari efferati come quello di Paderno, che di fatto si contano sulle punte delle dita? Al tempo stesso occorre non trascurare la presenza di un disagio effettivo che caratterizza il nuovo mondo dell'adolescenza. Si tratta anche in questo caso di non ignorare ma, nel medesimo tempo, di non diffondere panico, allarmismi inutili, per un'emergenza che se è tale lo è ormai da diversi decenni. Piuttosto evitare l'eccesso di medicalizzazione, di psichiatrizzazione e di vittimizzazione del disagio. I sintomi e le crisi degli adolescenti attendono interlocutori che non si limitino a riconoscere in essi una malattia da curare, ma una modalità per provare a esistere a proprio modo. Il problema non è riducibile a quello che accade nelle famiglie, ma al collasso generalizzato della Legge della parola sotto i colpi del discorso del capitalista e dei suoi miti: il consumo, il successo individuale, il profitto. Si può invece decidere, come fanno alcuni, di imputare proprio alla disgregazione della famiglia patriarcale la causa prima della diffusione della violenza giovanile. È necessario allora fare la ramanzina ai nuovi genitori che non saprebbero piú dare di se stessi l'immagine di adulti autorevoli, dimenticando però che nel nostro tempo l'autorevolezza non può piú coincidere con la solidità e l'infallibilità esemplare.

La testimonianza genitoriale è oggi senza modelli, obbligata a reinventarsi, a barcamenarsi, a navigare in mare aperto. Il nostro tempo impone *la testimonianza singolare al posto dell'esemplarità ideale*. Certo, si può rimpiangere il passato, la tradizione, Dio, la patria e la famiglia naturale. Ma si può davvero avere nostalgia della vecchia famiglia dove la voce del padre sentenziava inflessibile il senso della Legge, del bene e del male, rendendo di fatto impossibile ogni circolazione della parola? Davvero pensiamo che per rispondere all'attuale crisi della famiglia la soluzione piú adeguata sia coltivare il rimpianto frustrato per i bei tempi andati? Ma erano poi davvero cosí belli quei tempi? Basterebbe pensare alla violenza pedagogica che imperava, prima della contestazione del Sessantotto, nelle nostre scuole e nelle nostre famiglie per avere dei seri dubbi. Il rigore di quei padri padroni e di quelle madri sacrificali – di cui la nostra letteratura e il nostro cinema hanno offerto ritratti indimenticabili – sarebbe il giusto antidoto per questa disgregazione in corso non solo della famiglia contemporanea ma anche del discorso educativo in quanto tale? La tragedia di Paderno Dugnano solleva per l'ennesima volta un grande tema: come reimpostare il discorso educativo nel tempo della sua evaporazione senza ricadere in una forma usurata di nostalgia patriarcale? Gli psicologi fustigatori delle famiglie smidollate, incapaci di essere autorevoli, hanno già dimenticato ovviamente la prova straordinaria che al contrario le famiglie italiane hanno dato durante il periodo della pandemia. Quanta cura, quanta pazienza, quanta dedizione è stato necessario offrire ai nostri figli in quel tempo traumatico? Cosa saremmo stati senza l'ancora del legame famigliare, della sua capacità di resistenza? Condivisione dell'angoscia, della difficoltà, della frustrazione, della precarietà, della vita rinchiusa. Non è forse questa un'altra immagine della famiglia che dovremmo imparare a coltivare rispetto a quella della centralina pedagogica che molti vorrebbero ripristinare?

Capitolo quinto
Intelligenza artificiale

Populismo social.

Secondo Pasolini l'ingresso della televisione nelle case degli italiani era stata una delle cause non secondarie della grande mutazione antropologica che aveva trasformato il popolo da un insieme politico di cittadini a un insieme commerciale di consumatori. Stampa e televisione rappresentavano ai suoi occhi due «spaventosi organi pedagogici»[1]. Non solo la società dei consumi trovava nella televisione il suo strumento elettivo di promozione, ma lo spettatore era costretto ad assumere nei suoi confronti una posizione necessariamente passiva. Il messaggio era a senso unico e non dava luogo a nessuna possibilità di interazione. Di qui l'accusa pasoliniana relativa all'esistenza di un nuovo fascismo che imponeva i suoi comandi senza bisogno di usufruire di un potere autoritario e repressivo, ma per la via edonistica di una seduzione permissivista:

> La persuasione a seguire una concezione «edonistica» della vita (e quindi essere dei bravi consumatori) ridicolizza ogni precedente sforzo autoritario di persuasione: per esempio quello di seguire una concezione religiosa o moralistica della vita[2].

Lo spettatore rappresentava la forma piú pura del consumatore costretto a ingoiare passivamente valanghe di messaggi e di offerte che avevano come denominatore comune lo spegnimento della sua capacità di iniziativa criti-

[1] Cfr. P. P. Pasolini, *Progetto dell'opera*, in Id., *Lettere luterane* cit., p. 45.
[2] Cfr. Id., *Paragrafo secondo: come devi immaginarmi?*, *ibid.*, p. 33.

ca e la sua uniformazione a un tipo umano che coincideva con il consumatore ideale. La televisione diveniva cosí lo strumento di propaganda di un neo-totalitarismo che aveva trasferito il potere dal sovrano agli oggetti di consumo. Un potere che plasmava corpi e cervelli dei suoi fruitori uniformandoli conformisticamente ai modelli valoriali imposti dal nuovo regime.

Gli psicoanalisti hanno visto nell'età in cui la televisione imperava nelle nostre case una sorta di conferma della tesi relativa al declino dell'autorità paterna e allo smarrimento piú generale del discorso educativo. La televisione aveva preso il posto di genitori sempre piú distratti o assenti, incapaci di svolgere il proprio ruolo[3]. L'affermazione progressiva della rete e dei social ha profondamente ridimensionato questo quadro. E non solo perché i giovani oggi non guardano piú la televisione. Quello che i social hanno modificato è innanzitutto il carattere necessariamente passivo dello spettatore. Il nuovo schermo social è infatti strutturalmente movimentato. Tutto si consuma in maniera accelerata. Non c'è tanto l'ipnosi televisiva – che richiede tempo – ma lo sprofondamento in una realtà parallela. Non a caso l'uso dello smartphone e delle sue potenzialità social non è piú, come accadeva per la televisione, circoscritto in un luogo, ma appare come una sorta di protesi del corpo del soggetto. Mentre infatti la televisione condannata da Pasolini fabbricava i corpi e i cervelli offrendo loro i modelli di identificazione imposti dalla società dei consumi, lo smartphone appare piuttosto come una parte post-umana del corpo. Anche la partecipazione alla vita dei social riflette questa compenetrazione. Non si tratta di guardare un programma imposto da un palinsesto, quanto di formare il proprio palinsesto personale non solo nella scelta di ciò che voglio vedere, ma

[3] Cfr. J.-P. Lebrun, *La perversion ordinaire. Vivre ensemble sans autrui*, Denoël, Paris 2007.

nella possibilità inedita di proporsi come assoluti protagonisti sulla scena.

La distinzione rigida imposta dalla televisione tra il messaggio offerto dallo schermo e il suo fruitore viene cosí radicalmente sovvertita. Lo schermo non è piú un confine rigido che separa, ma è stato radicalmente traumatizzato: gli attori e i protagonisti della scena sono divenuti milioni. Lo schermo ha perso la sua centralità verticale per disseminarsi orizzontalmente. E lo stesso accade per la scrittura. Era ciò che sollevava la rassegnazione malinconica di Umberto Eco quando constatava con amarezza la quantità di «imbecilli» che la rete avrebbe autorizzato a scrivere. Anche in questo caso il confine tra il lettore e lo scrittore è stato totalmente frantumato: sui social chiunque può scrivere di qualunque cosa. In questo senso, diversamente da quello che accadeva con lo spettatore passivamente ipnotizzato dalla televisione, i social si fondano sulla valorizzazione estrema dell'interazione. Essa non assume solo la forma della manifestazione del *like* o dell'avversione, ma soprattutto quella dell'esibizione del proprio corpo e del proprio pensiero senza censure. Ma la psicoanalisi avverte che quando i confini simbolici vengono meno c'è sempre il rischio della caduta catastrofica nell'indifferenziazione. È la faccia oscura della democratizzazione introdotta dai social. È questo il cuore di ogni populismo, compreso quello mediatico. L'autorizzazione data a tutti di parlare di tutto – «l'uno uguale a uno» – non solo produce effetti di pericolosa mistificazione – pensiamo agli enormi danni di coloro che sui social si esprimono senza titoli su malattie o su cure mediche –, ma attiva potentemente dinamiche aggressivo-invidiose. Mentre la televisione spegneva il senso critico esercitando una funzione di controllo biopolitico, l'uso collettivo dei social sembra esasperarlo abnormemente a tal punto da legittimare il suo palese e sconcertante sconfinamento nell'odio invidioso quando non addirittura nell'incitazione aperta alla violenza. È il surriscaldamento pulsionale che lo schermo dei social genera in continuazione e di cui sono eloquenti manifestazioni la contraffazione sistematica della verità, la brutalità degli insulti, le campagne individuali o collettive di diffamazione che possono portare i soggetti piú giovani o fragili anche a comportamenti autolesivi gravi. Non a caso per la psicoanalisi il luogo per eccellenza dell'indifferenziazione è quello dell'incesto, dove il confine simbolico della differenza generazionale scompare e dove, soprattutto, la passione smarrisce il suo limite divenendo non piú passione per la vita ma passione per la morte. Non a caso figli e genitori tendono a comportarsi allo stesso modo nell'uso violento e compulsivo dei social. Adulti che si comportano stupidamente come adolescenti e adolescenti che manifestano la stessa stupida violenza che infiamma il mondo degli adulti.

Intelligenze artificiali.

Anche l'uso compulsivo dell'intelligenza artificiale ha potenziato il rifiuto della pratica della lettura fornendo scorciatoie inimmaginabili sino a qualche tempo fa alla fatica necessaria della ricerca. Esiste un'intelligenza che può essere fatta lavorare al posto della mia pur assomigliando alla mia. Il soggetto viene sostituito non solo nell'accumulazione dei dati e delle loro fonti, ma anche nell'articolazione dei pensieri. Da questo punto di vista il rischio è quello di una collusione fatale tra il rifiuto del lavoro della lettura e dell'apprendimento e l'esistenza di un nuovo schiavo tecnologico che può svolgere il lavoro rifiutato dal soggetto incentivando una sua posizione passiva e dipendente. Si tratta di un nuovo sintomo contemporaneo del sapere che sembra essere sempre piú invasivo.

Ma da cosa dipende, al di là dei servizi che può offrire l'intelligenza artificiale, il rifiuto della lettura e, di conseguenza, del pensiero che la lettura nutre? È uno dei problemi di fondo di questa nuova generazione. La presenza sempre presente della connessione impedisce l'esperienza dell'assenza e del vuoto che invece è essenziale per la genesi del pensiero. Il problema non è tanto l'esistenza dell'intelligenza artificiale ma delle intelligenze che diventano sempre piú artificiali rinunciando all'esercizio critico e creativo del pensiero. Lo spazio vuoto necessario alla generazione di una intelligenza generativa sembra intasato da un eccesso di informazioni senza elaborazione soggettiva. In questo modo viene tagliato il nesso che unisce strutturalmente la nascita del pensiero all'esperienza dell'assenza. Lo ricorda con efficacia Bion: il pensiero può sorgere solo sull'orizzonte del vuoto centrale della Cosa, sullo sfondo della non-Cosa[4]. Ma nel nostro tempo lo spazio insaturo dell'assenza viene costantemente otturato dagli oggetti. Ne deriva non solo una difficoltà nella generazione del pensiero, ma anche una nuova forma di dipendenza tossica. Si provi, infatti, a separare un ragazzo dal suo iPhone o da un altro degli svariati oggetti tecnologici che riempiono il suo tempo... Questo distacco imposto sarà vissuto come uno svezzamento brutale capace di suscitare una reazione rabbiosa che rivela una profonda angoscia di separazione. L'oggetto tecnologico è, infatti, inconsciamente il sostituto dell'oggetto-Cosa, del seno come oggetto primario e incestuoso di godimento, dell'oggetto sempre presente che non conosce assenza. Mentre un tempo il taglio dello svezzamento riguardava il rapporto del soggetto con i propri oggetti primari – il seno e la presenza materna innanzitutto –, oggi gli oggetti tecnologici appaiono come i veri oggetti anaclitici, ovvero quegli oggetti che fungono da sostegno per il soggetto come sostituti simbolici della presenza dell'Altro materno. La loro insostituibilità li rende però patologici prolungando nel

[4] Cfr. W. R. Bion, *Cogitations. Pensieri*, trad. it. di P. Bion Talamo e S. A. Merciai, Armando, Roma 1992.

soggetto una relazione regressiva di dipendenza, ritardando il processo di separazione. Quello che si verifica è uno scacco nel processo di individuazione: il soggetto senza la presenza sempre presente dell'oggetto anaclitico si sente letteralmente perduto. È quello che accade provando a separare i giovani di oggi dalla loro propaggine anaclitica costituita dall'oggetto tecnologico: angoscia, aggressività, rifiuto dell'Altro. Eppure bisogna forzatamente imboccare questo difficile sentiero per rendere possibile quell'effetto di soggettività che, come sappiamo, è la finalità fondamentale di ogni processo di formazione.

Il rifiuto del sapere.

Non sono mai necessari i risultati degli Invalsi per constatare lo stato di declino del livello di apprendimento dei nostri figli. Gli insegnanti se ne lamentano ormai da tempo: non leggono, non studiano, non partecipano, non ascoltano piú. I nostri figli fanno fatica a disciplinarsi nella lenta e rigorosa applicazione richiesta dallo studio. Preferiscono i pensieri Twitter, la cultura dei social, lo zapping continuo, la connessione perpetua, lo scivolamento rapido da una informazione e da una immagine all'altra. Anche la giusta causa della difesa della storia come disciplina imprescindibile per comprendere il nostro tempo e allenare il pensiero critico, cozza contro questa tendenza di fondo: la cultura del libro è stata sostituita da quella del consumo tecnologico delle informazioni e delle immagini. È un altro tema assai noto agli insegnanti: il rifiuto ostinato dei loro allievi ad assumersi l'impegno di una pratica assidua della lettura.

Il drastico risultato che ogni anno gli Invalsi ci consegnano immancabilmente costringe a una riflessione piú ampia: prima dell'insegnamento della storia è essenziale educare i nostri figli a farsi allievi. È questo il passaggio antropologico che oggi sembra mancare. L'essere allievo implica lo sforzo di apprendere quello che esso ignora. Questo sforzo viene oggi rigettato in nome di un accesso immediato a una conoscenza che resta di superficie, priva di quella verticalità che solo l'applicazione alla lettura offre.

L'inciviltà del discorso del capitalista imperniata sulla diffusione di un godimento immediato e dissipativo che rende ogni cosa oggetto di consumo, ivi compresa la conoscenza, sembra dominare incontrastata e rendere il tempo lungo dell'apprendimento sempre piú insensato. Il punto è che l'educazione alla lettura, che dovrebbe essere alla base di ogni didattica e che viene prima del giudizio sull'importanza delle discipline (compresa quella storica), pare oggi un'impresa titanica come quella, per citare una celebre metafora freudiana, della bonifica olandese delle zone paludose dello Zuiderzee. Tuttavia, non dovremmo provare anche a vedere in queste forme di disaffezione allo studio, di rifiuto del sapere che viene offerto dall'Altro della Scuola, una sorta di appello – agito provocatoriamente dalle nuove generazioni – rivolto alla generazione degli adulti? Non bisognerebbe sempre provare a ribaltare l'arroganza puberale del rifiuto di condividere la stessa lingua in una domanda di accesso a un'altra lingua, a una lingua piú viva rispetto alla lingua ormai morta della Scuola? Il rifiuto di apprendere – di farsi allievi –, anziché essere solo condannato come il segno di una corruzione di fondo delle nuove generazioni provocata dall'uso tossico dei social e dal lassismo educativo dei genitori, non potrebbe essere visto anche come una domanda di cambiamento rivolta alle vecchie generazioni?

Cosa resta dell'intelligenza?

La diffusione crescente tra le nuove generazioni dei cosiddetti disturbi dell'attenzione (ADD, *Attention Deficit Disorder*) merita una riflessione particolare. Un eccesso di stimolazioni al quale i nostri figli sono sottoposti continuamente dagli oggetti tecnologici e dalla nuova videocrazia consumistica – videogiochi, Instagram, TikTok, Facebook ecc. – sembra nuocere alla dimensione necessariamente concentrata dell'attenzione. Il passaggio repentino da un breve video all'altro, la successione incalzante delle immagini, il bombardamento disordinato delle informazioni sono, come le definirebbe Bernard Stiegler, «psicotecniche» che minano alle radici la possibilità di sviluppare un pensiero critico esercitando delle forme di captazione dell'attenzione tali da distruggerne la natura[5].

La dimensione dell'attenzione profonda (*deep attention*) viene infatti devastata da una *hyper attention* che frammenta il movimento del pensiero. Si tratta di una vera e propria cultura della sovrastimolazione che finisce per disturbare l'attenzione e, di conseguenza, la possibilità stessa del pensiero. L'iper-attenzione non è, infatti, una amplificazione dell'attenzione, ma la sua piú totale disattivazione. È la stessa logica del consumo che prevale nel neoliberismo, la quale, se spinta all'eccesso, finisce per consumare lo stesso consumatore. Tutto sembra scorrere in una superficie senza rilievi e addensamenti, senza pause e discontinuità. L'apprendimento e la formazione stessa di una intelligenza critica sono le prime vittime di questo affollamento inaudito di stimoli. In primo piano è una vera e propria intossicazione cognitiva ed emotiva. Il deficit di attenzione non sorge clinicamente da una mancanza di stimoli, ma dalla loro moltiplicazione abnorme. Ne è una prova evidente l'angoscia che può invadere certi giovani di fronte alla separazione dai loro oggetti psicotecnici. Il vuoto e l'assenza che si palesano, anziché essere vissuti come necessari per l'elaborazione di un pensiero generativo, diventano fonti insopportabili di stress o di assoluta noia. L'iper-sollecitazione e l'iper-captazione della loro attenzio-

[5] Cfr. Stiegler, *Prendersi cura* cit.

ne si rovescia cosí nel suo contrario rappresentato dal deficit di attenzione. È un effetto dell'iperattività smodata di quello che Lacan definiva come discorso del capitalista, il quale sfrutta la forza della pulsione per dissipare piú che per costruire, per distruggere piú che per collegare. Il vero sapere, quello in grado di contribuire alla formazione della vita, non sarebbe piú quello dispensato dalla Scuola, ma quello che si genera attraverso questa nuova videocrazia. In gioco è la distruzione di quello che Bion definiva come l'apparato per pensare i pensieri. La psicotecnica ipermoderna sembra infatti dissolvere ogni apparato per favorire una versione fluida e senza bordi del sapere. In questo modo le informazioni e le stimolazioni percettive accelerano un processo di incorporazione non sostenuto da un contenitore adeguato. Tutto passa e sembra scivolare via senza lasciare né tracce, né depositi mnestici significativi. È il carattere paradigmatico che assume lo *scrolling* come nuova forma ipermoderna di accesso al sapere. In questo modo il flusso pulsionale del godimento va alla deriva generando un ottundimento di fondo che può, appunto, prendere le forme del deficit di attenzione.

La cultura di massa si polverizza in questa nuova specie di consumo. I suoi miti e le sue icone si diffondono seguendo la logica orizzontale dello sciame piú che quella verticale dell'idolo. È quello che accade anche in riferimento all'intelligenza: lo stravolgimento dell'attenzione attraverso il bombardamento sistematico di stimolazioni allontana le nuove generazioni dallo sforzo del pensiero critico favorendo una versione solo performativa dell'intelligenza. Se le si confronta al potere centralizzato della televisione, descritto mirabilmente, come abbiamo appena visto, da Pasolini nei primi anni Settanta, le attuali industrie culturali audiovisive si ramificano in modo inedito. La loro forza pervasiva ha travolto il vecchio sistema della comunicazione di massa fondato sulla centralità della radio e della televisione che non a caso i giovani non ascoltano né guardano piú. In questo modo né la famiglia né la Scuola possono pretendere di governare il carattere inarrestabile di questo flusso. L'attenzione dei nostri figli viene continuamente sviata da dei dispositivi che distruggono la dimensione liberamente contemplativa del pensiero. Gli spazi educativi che la famiglia e la Scuola rendevano disponibili sono travolti da una dislocazione del sapere che non è piú a loro disposizione. Gli insegnanti lo sanno molto bene: la loro battaglia quotidiana ha come suo obiettivo primario, tanto elementare quanto cruciale, la possibilità di captare l'attenzione dei propri allievi di fronte a un collasso del dispositivo istituzionale e culturale che rendeva la parola dell'insegnante degna di attenzione in quanto tale.

Lo sforzo del pensiero.

L'intelligenza artificiale pensa? È in grado di generare un nuovo sapere o si limita a memorizzare e ad articolare un sapere già saputo? Alcuni miei colleghi, studiosi di questo fenomeno, ritengono non solo che sia in grado di pensare ma anche di stabilire, se opportunamente interrogato, relazioni che appaiono capaci di immedesimazione emotiva. Si tratta probabilmente di un piccolo delirio interpretativo che evoca il computer protagonista inquietante dello scenario lunare di *2001: Odissea nello spazio* di Kubrick (1968). Ma, come abbiamo visto in questo libro, il pensiero non è una semplice o complessa prestazione cognitiva, non è una manifestazione strumentale dell'intelligenza, non coincide con l'esecuzione tecnica di un compito, né funziona seguendo codici prestabiliti. Esso sorge piuttosto, come ha spiegato Deleuze in *Differenza e ripetizione*, da una forzatura, da qualcosa che mi costringe, che mi preme. Tutt'altro dalla manifestazione di una libera intelligenza quanto della risposta a una necessità piú profonda:

non posso sottrarmi dal pensare qualcosa che mi preme, mi ingaggia, mi vincola, insiste, parla[6].

I sistemi piú sofisticati dell'intelligenza artificiale conoscono questa costrizione? Sanno quanto il pensiero non sia solo la manifestazione di una competenza tecnica dell'intelligenza umana ma sorga da una passione alla quale non è possibile sottrarsi? Non è questo che distingue la parola non artificiale di un maestro? La sua credibilità non dipende tanto dalla sua competenza psicotecnica a trattare i suoi oggetti di sapere, ma dal desiderio di sapere che la muove. È la dimensione sempre irrituale che accompagna la testimonianza di ogni maestro. Non accade solo ai vertici della formazione scolastica ma anche nelle scuole primarie. Si tratta di una enunciazione singolare che coincide con il fatto che il maestro mentre parla testimonia che è sospinto da una forza, da un'urgenza, da una vocazione. Non può sottrarsi di pensare ciò che gli preme, ciò che lo preme, ciò che lo incalza. Il pensiero non sorge allora dall'accumulo, foss'anche sterminato, di informazioni, di memorie e di saperi, ma da ciò che davvero sospinge a pensare. In questo senso un sapere sterminato può essere stupido e non intelligente. L'erudizione, come hanno mostrato irresistibilmente Bouvard e Pécuchet di Flaubert, non coincide affatto con la capacità di pensare[7]. La loro minuziosa raccolta di tutto il sapere generato dall'umanità nei secoli assomiglia alla costruzione manuale e artigianale di una memoria infinita antenata di quella, di ben altre dimensioni, messa oggi a disposizione dall'intelligenza artificiale. Col problema, per loro irrisolvibile, di definire la regola attra-

[6] Diversi autori, da Agostino a Lévinas, da Lutero a Heidegger, da Freud a Lacan, da Derrida a Nancy, hanno messo in luce come il pensiero non sia una proprietà dell'Ego ma una risposta a qualcosa (Es) che preme, a una alterità interna che esige di essere ascoltata come se vi fosse una precedenza di questa alterità sulla genesi del pensiero. Non a caso Freud ha sollevato lo scandalo inelaborabile per la ragione filosofica tradizionale dell'esistenza di un pensiero inconscio, non a disposizione dell'Ego.

[7] Cfr. G. Flaubert, *Bouvard e Pécuchet*, trad. it. di C. Sbarbaro, Einaudi, Torino 1982.

verso la quale compiere questa classificazione, poiché questa stessa definizione implicherebbe già una interpretazione che mostrerebbe il carattere falsato della catalogazione oggettivamente enciclopedica[8]. La loro stupidità consiste forse nel credere che questa collezione sterminata del sapere garantisca la verità del sapere? In realtà si tratta solo di una concezione mummificata del libro che identifica il sapere alla sua sterminata accumulazione. Uno strano e invisibile filo collega questi due personaggi agli attuali disturbi dell'attenzione poiché in entrambi quello che viene a mancare è l'esercizio critico del pensiero. Quello che la stupidità non consente loro di cogliere è che un'attenzione non disturbata implica che il suo oggetto primario sia il desiderio stesso[9].

Il disagio giovanile e il desiderio come «vero dovere».

Le piú recenti statistiche epidemiologiche sul disagio giovanile mostrano un quadro davvero inquietante che trascende i cosiddetti disordini dell'attenzione. La diffusione di angoscia, panico, disturbi psicosomatici, anoressie-bulimie, intossicazioni di vario genere comprese quelle provocate dagli oggetti tecnologici, violenza e tendenze suicidarie appare decisamente in aumento dopo il Covid segnalando uno stato di vera e propria emergenza. Non dovremmo però commettere l'errore di identificare questa generazione come una vittima inerme del trauma feroce del Covid. Piuttosto sarebbe necessario interrogarsi sulla matrice piú profonda di questo disagio, ovvero sul rapporto tra le nuove e le vecchie generazioni e sulla

[8] Cfr. G. Bottiroli, *Teoria dello stile*, La Nuova Italia, Firenze 1997, pp. 89-90.

[9] Lo ricorda anche Stiegler: «*l'oggetto dell'attenzione* è *l'oggetto del desiderio*»; «*l'oggetto della libido* è *l'oggetto dell'attenzione* per eccellenza, e persino l'oggetto di tutte le attenzioni, è un oggetto che può costituirsi *solo come infinito*»: cfr. Stiegler, *Prendersi cura* cit., pp. 103 e 171 (corsivi nel testo).

difficoltà di trasmissione del desiderio che questo rapporto denuncia.

Secondo una opinione divenuta comune, la causa principale di tutta questa sofferenza, ben al di là del Covid, si deve rintracciare nel carattere disossato dei nuovi genitori che si rivelerebbero del tutto incapaci di assolvere adeguatamente il loro compito educativo. Una eccessiva preoccupazione di essere amati – che anche personalmente ho piú volte segnalato come un sintomo specifico della genitorialità ipermoderna – li rende incapaci di sopportare il conflitto che anima inevitabilmente il rapporto tra le generazioni. L'accusa si rafforza diventando una sentenza morale: è il carattere smidollato dei genitori contemporanei, sempre troppo preoccupati a risparmiare ai loro figli il duro impatto con una realtà sempre piú precaria, a determinare l'estrema fragilità di questi ultimi. Ne consegue che la sola possibilità di uscire da questa evidente condizione di crisi sarebbe il ripristino dell'autorità educativa che le vecchie generazioni avevano conosciuto. Ma, in realtà, si tratta di un ideale di restaurazione che appare tanto piú disperato quanto sempre piú irrealizzabile. Condannare le nuove famiglie e la Scuola a disertare il loro compito educativo è tanto facile quanto inutile perché da questa crisi non se ne può uscire rievocando nostalgicamente i cosiddetti valori perduti della tradizione. Innanzitutto perché questi valori, prima della piú che legittima contestazione del Sessantotto, non offrivano affatto un modello pedagogico positivo. Tutt'altro: il sequestro della parola, l'abuso di potere, la discriminazione sociale, l'annullamento del pensiero critico, una concezione solo correttiva e punitiva del processo educativo non mi sembra che possano essere impugnati oggi come punti di riferimento ideali. Lo sguardo rivolto solo all'indietro non può mai essere in grado di abitare generativamente l'avvenire.

Se analizziamo in modo sintetico le forme prevalenti del disagio psichico delle nuove generazioni colpisce il denominatore clinico che a mio giudizio le accomuna. Si tratta della fatica diffusa ad accendere il proprio desiderio, a fare del proprio desiderio una vocazione. In un tempo come il nostro che ha sdoganato il piacere da ogni forma di reticenza, di pudore e di morbosità morale, il desiderio non si espande affatto, ma tende, al contrario, ad appassire[10]. È un paradosso epocale: l'acquisizione di una libertà di massa inedita non favorisce la presenza del desiderio, ma genera la sua tendenziale estinzione. Com'è possibile? Perché le nuove generazioni fanno sempre piú fatica a desiderare? Una prima risposta riguarda, come abbiamo già visto, il rapporto del desiderio con la Legge. Piú la Legge evapora piú il desiderio perde il proprio slancio poiché, come ricordava Paolo di Tarso, il desiderio trae la sua spinta trasgressiva proprio dall'esistenza della Legge. Ma anche questa risposta resta ai miei occhi condannata alla superficie. In realtà, ed è un problema che lo stesso Paolo si pone, una Legge che si limitasse a contenere il desiderio verrebbe meno al proprio compito, il quale non è tanto quello di interdire il desiderio, ma di renderlo umanamente possibile[11]. Il problema centrale delle nuove generazioni è, infatti, quello di non riuscire piú a cogliere nel desiderio il senso piú profondo della Legge. Nella tradizione biblica e in quella psicoanalitica, questo senso si chiama «vocazione». In questa luce il desiderio non appare come antagonista della Legge ma diviene esso stesso Legge. Sicché il desiderio non è piú in una contrapposizione morale al dovere, ma assume la forma piú pura del «vero dovere»[12]. E non è forse questo ciò che salverebbe la vita dei nostri figli? Essere animati da una vocazione che rende il loro desiderio la forma piú alta del loro «vero dovere»? Nondimeno, affinché questo sia possibile, è necessario che i nostri figli

[10] Cfr. M. Recalcati, *Le nuove melanconie. Destini del desiderio nel mondo ipermoderno*, Raffaello Cortina, Milano 2019.

[11] Cfr. Id., *La Legge del desiderio* cit., pp. 343-62.

[12] Cfr. Lacan, *Il seminario. Libro VII* cit., p. 11.

trovino delle testimonianze incarnate di questa possibilità – fare del proprio desiderio un dovere – proprio nelle vecchie generazioni. La cui responsabilità non sarebbe allora quella di essere incapaci nel fare valere l'autorità della Legge, quanto piuttosto di non riuscire a dare testimonianza credibile del loro stesso desiderio. Di cosa ha necessità un figlio se non di vedere che vi sia qualcuno che sa vivere su questa terra facendo del desiderio il proprio dovere? Si tratta, allora, per i nuovi educatori, insegnanti compresi, di non farsi tanto rappresentanti della Legge che disciplina il desiderio, ma di *portare con sé il fuoco del desiderio*[13].

Studiare per cosa?

Nella nostra Scuola predomina un senso profondo di precarietà e di depressione: studiare per cosa? È un fatto diffuso e non trascurabile: diversi studenti hanno vissuto la riapertura definitiva della Scuola e la ripresa della normale attività didattica dopo il flagello del Covid piú con angoscia che con sollievo. Il DSM ha formulato a suo tempo l'ipotesi del disturbo post-traumatico di adattamento per descrivere la difficoltà di reinserimento sociale dopo un evento (o una serie di eventi) particolarmente stressanti[14]. È quello che accadde, per fare un solo esempio, ai reduci del Vietnam: come poter ritornare a vivere con fiducia i legami sociali? Come ristabilire la fiducia nell'Altro dopo che l'Altro è stato vissuto come minaccia di morte potenziale, come un nemico pericoloso? Non è questa la stessa dinamica che si è sviluppata di fronte alle grandi pertur-

[13] È quello che accade in *La strada* di Cormac McCarthy: i «buoni», di cui i nostri figli smarriti hanno bisogno, sono coloro che sanno ancora portare il fuoco grazie al quale la vita può essere accesa. Cfr. C. McCarthy, *La strada*, trad. it. di M. Testa, Einaudi, Torino 2001.

[14] Cfr. American Psychiatric Association, *DSM-5-TR. Manuale diagnostico e statistico dei disturbi mentali*, quinta edizione, Raffaello Cortina, Milano 2023.

bazioni emotive provocate dal Covid? Come ripristinare la prossimità e la relazione se la prossimità e la relazione sono state fattori di rischio di contagio? Molti ragazzi non hanno voluto tornare a Scuola e se sono tornati lo hanno fatto trascinando con se stessi una profonda inquietudine. Come abbandonare una prigione che è divenuta il proprio rifugio? Riaprire i propri confini esterni e interni a un mondo marcato dall'instabilità, dalle guerre, dall'incertezza e dall'essenza di avvenire non è una cosa semplice. Si tratta di una tendenza, come vedremo meglio piú avanti, assai diffusa nel mondo giovanile e di una delle forme prevalenti del suo disagio contemporaneo: la vita si ritira dalla vita, si rifugia nel chiuso della propria camera, vuole evitare le insidie e la competizione senza quartiere che caratterizza il nostro tempo. Si tratta di una tendenza neo-melanconica all'introversione e alla caduta del desiderio come fattore in grado di rendere la vita viva, aperta alla vita. È questa una delle forme prevalenti del disagio giovanile già presenti prima dell'epidemia del Covid ma che questa epidemia ha potentemente slatentizzato ed enfatizzato: la vita dei nostri figli cerca protezione di fronte al carattere ingovernabile della vita, è animata da una pulsione claustrale e securitaria[15].

È difficile esigere un apprendimento scolastico adeguato quando le relazioni necessitano di essere ricostituite nel loro fondamento. Durante e subito dopo il Covid quello che piú contava non era il raggiungimento dei cosiddetti obiettivi didattici, ma il ristabilimento della natura aperta della Scuola, del suo essere una comunità vivente. Si è trattato innanzitutto di coltivare nuovamente la fiducia nella relazione tra insegnanti e allievi. Non aveva alcun senso bombardare di verifiche i nostri figli quando gli anni scolastici erano ancora appesi a un filo, quando chiusura e riapertura si erano alternate seguendo necessariamente

[15] Cfr. Recalcati, *Le nuove melanconie* cit.

il ritmo imprevedibile e destabilizzante dell'epidemia. È accaduto lo stesso in tutte le organizzazioni: la ricostruzione del tessuto relazionale era diventata la condizione basica per rendere possibile una ripartenza della stessa attività produttiva. Nessun tempo come il nostro ci ha insegnato che la cura della relazione in qualunque organizzazione – Scuola compresa – non sia affatto un ornamento secondario ed esteriore rispetto al raggiungimento dei propri obiettivi, ma la loro condizione di possibilità. Dunque, i docenti non hanno fatto torto alla loro professione se hanno subordinato la cosiddetta programmazione didattica al recupero del valore umano della relazione. Ma per fare questo si trattava di emanciparsi dal culto della produttività che ha schiacciato negli ultimi decenni la nostra Scuola sul paradigma efficientista dell'impresa. È stata per molti l'occasione per ridimensionare profondamente questo paradigma che resta estraneo al fondamento umanistico della nostra Scuola.

La vita della Scuola non è solo la vita di una istituzione perché la sua esistenza coincide con la vita delle generazioni dei nostri figli e della loro crescita. La prova imposta dal Covid alle nuove generazioni è stata durissima: separati, distanziati, confinati, spesso abbandonati. Queste generazioni di figli hanno sperimentato sino in fondo lo smarrimento. Soprattutto nelle età della pre-adolescenza e dell'adolescenza. Sebbene gli insegnanti nella loro stragrande maggioranza abbiano fatto l'impossibile per fare esistere una didattica a distanza, resta che la vita della Scuola è stata mutilata, colpita al cuore, privata della sua condizione di esistenza piú elementare che è quella di essere una comunità in presenza. Il disagio di questa generazione di figli non è stato, dunque, in se stesso vittimistico, ma reale. Nel nostro lavoro clinico lo abbiamo visto apparire chiaramente sotto forma di un aumento significativo delle dipendenze patologiche (alcolismo, disturbi del comportamento alimentare, abuso di sostanze e degli oggetti tecnologici), delle depressioni, degli attacchi di panico, delle fobie sociali, delle somatizzazioni e delle tendenze autolesive. La Scuola si è trovata in questa congiuntura drammatica a essere investita di un compito supplementare: non solo quello di preservare la didattica in condizioni di lavoro totalmente anomale e imprevedibili, ma quello di custodire la dimensione umana della relazione, il legame sociale che istituisce la vita della Scuola.

La tendenza al ritiro sociale tra i giovani era però già attiva nel tempo pre-Covid: l'insicurezza crescente dovuta all'instabilità economica, la precarietà diffusa, l'assenza di prospettive professionali e di lavoro aveva predisposto molti giovani alla rottura del legame sociale e al ritiro claustrale. A questo si aggiunga la crisi diffusa del discorso educativo. In questo contesto la Scuola è stata un punto di tenuta collettivo cruciale, vicariando molto spesso una funzione genitoriale assente o temperando la sua distorsione di fronte a genitori incapaci di sopportare la frustrazione inflitta ai propri figli, necessaria, in realtà, a ogni processo di formazione. Insomma, già prima del Covid la funzione educativa della Scuola risultava indispensabile nel correggere la tendenza egemone del nostro tempo che è quella di ritenere i nostri figli sempre in una condizione di diritto e mai di dovere, sempre in una condizione di deresponsabilizzazione e di alibi perpetuo. Ma il cataclisma dell'epidemia ha ridisegnato bruscamente il campo. Assegnare assoluta priorità alla cura delle relazioni rispetto al valore strettamente cognitivo delle valutazioni non significa affatto prolungare la cultura della deresponsabilizzazione e dell'alibi. Non dobbiamo dimenticare che quando la voce degli studenti si è alzata nel tempo della crisi pandemica, si è sempre alzata per difendere la Scuola e la sua riapertura necessaria. È un cambiamento di postura radicale che andrebbe messo in valore. La protesta degli studenti non esigeva la chiusura della Scuola come dispositivo di regime – come è accaduto storicamente nella storia variegata del movimento studentesco nel nostro Paese – ma la sua apertura necessaria. Mai come allora le nuove generazioni hanno potuto riconoscere che la Scuola non è tanto «un apparato ideologico di Stato» finalizzato alla conformazione della ragione critica all'ordine esistente, come si diceva all'epoca delle grandi contestazioni studentesche della fine degli anni Sessanta e della fine degli anni Settanta, ma un luogo di formazione insostituibile dello stesso pensiero critico[16]. Non si fornisce, dunque, alcun alibi a questa generazione se si riconosce la prova enorme che ha dovuto sostenere. Abbiamo vissuto qualcosa di spaventosamente inimmaginabile. Si è allora costretti a navigare in un canale stretto: da una parte è stato necessario piú che mai evitare l'etichettamento «Generazione Covid» che avrebbe identificato i nostri figli alla posizione nefasta della vittima designata, dall'altra parte risulta però altrettanto necessario evitare il non riconoscimento dell'emergenza e della prova che i nostri figli hanno dovuto sostenere. In quella congiuntura è stato vitale mettere da parte la numerologia della valutazione e le sue aride percentuali – cosa che avveniva già nella pratica valutativa illuminata di molti docenti – e considerare invece come includere maggiormente nella vita della Scuola quelli che si sono persi, che hanno avuto timore, che sono rimasti indietro.

Mancanza della Scuola.

Ci ricordiamo bene come durante il tempo cupo dell'epidemia del Covid la Scuola sia mancata a tutti. Alle famiglie e ai loro figli in primis. Non sembrava possibile. Era un paradosso: la Scuola non ha mai fatto tanto sentire la sua presenza come quando è stata assente. Accade

[16] Straordinaria replica collettiva alle tesi piú classiche di Foucault che, come abbiamo visto, sostengono la discendenza della Scuola dai dispositivi carcerari e repressivi. Cfr. Foucault, *Sorvegliare e punire* cit.

solitamente anche con i vecchi amori, quelli che si danno per scontati e che solo quando si assentano fanno struggentemente sentire tutta la loro importanza. Molto meno però quando sono presenti, quando la loro esistenza viene data per già acquisita. Allora possono suscitare solo noia, diluendosi nella routine di una vita ordinaria priva di desiderio. È fatale: quando gli amori diventano abitudine il fuoco del desiderio si estingue, la sua potenza è dimenticata e sepolta. Quando gli amori diventano oggetti comuni, quando la loro luce si spegne lasciando il posto al tran tran indifferente dell'abitudine, allora viene autorizzata la distrazione, la trascuratezza, l'incuria. Solo la perdita improvvisa del nostro compagno o della nostra compagna può avere in questi casi il potere di suscitare un risveglio, di riattivare l'ebbrezza dell'origine. Ma non è forse quello che è accaduto alla nostra Scuola nel tempo della sua chiusura obbligata? Abbiamo cosí potuto constatare, non senza un certo stupore, sotto i tremendi colpi del trauma dell'epidemia, che la Scuola è stata finalmente vissuta dai nostri figli come una mancanza, come un oggetto perduto che suscita desiderio e nostalgia. È un meccanismo psicologico assai conosciuto: nulla come la privazione di un oggetto che si dava per scontato può rivalorizzarne improvvisamente l'esistenza.

Per molti dei nostri figli, anche quelli dai quali essa era vissuta come un peso, la chiusura della Scuola è stata percepita come una restrizione ingiusta della propria vita. Ritornare a Scuola ha allora significato per molti di loro la possibilità di ritornare a vivere pienamente. L'assenza della Scuola non ha dunque suscitato alcun sentimento di liberazione, ma, al contrario, ha provocato una angoscia inedita. Ora, questo semplice dato di fatto dovrebbe essere soppesato seriamente. Esso ci fornisce una bussola irrinunciabile per comprendere l'importanza decisiva della Scuola per il futuro del nostro Paese e per l'incidenza che essa ha nella formazione della vita dei nostri figli. La comunità scolastica nella sua composizione plurale e nella sua esistenza reale non può essere confusa con un'azienda, non ha il compito di generare profitti immediati, non può ridursi a un dispositivo di tecnologia didattica applicata, non può essere pensata e vissuta come un luogo sterile di trasmissione di informazioni e di competenze. Se i nostri figli ne hanno sentito la mancanza è perché l'anima della Scuola-dispositivo non può mai assorbire e alienare integralmente l'anima della Scuola-radura. È perché la vivacità della Scuola-comunità non può essere mai confusa con il grigiore anonimo del suo dispositivo. La percezione collettiva dell'assenza della Scuola come un'assenza insopportabile ha rivelato in quel tempo cosí difficile il ruolo decisivo che la Scuola esercita nel rendere possibili i processi di formazione della vita. Quello che la routine della sua presenza data per scontata aveva oscurato si è rivelato in tutta la sua incidenza: senza la Scuola la vita dei nostri figli perde un punto di riferimento fondamentale per la sua formazione. È questo il sostrato culturale piú fondamentale della Scuola che la rende un luogo unico e insostituibile. È quello che non comprende il ragionamento foucaultiano che tende a schiacciare la Scuola-radura sulla Scuola-dispositivo, per esempio, quando riduce l'insegnamento all'imposizione di un sapere che agisce come un potere repressivo e normativo. La Scuola-dispositivo che egli ha in mente riduce l'incontro col maestro e col suo sapere a un assoggettamento obbligatorio e colpevolizzante nel quale la relazione maestro-allievo si rivela necessariamente solo come un rapporto asimmetrico di potere caratterizzato dall'imposizione del sapere del maestro, dall'obbligo dell'apprendimento e da quello, altrettanto coercitivo, della verifica[17].

[17] «L'insegnante è colui che dice: "Ascoltate, ecco un certo numero di cose che non sapete, ma che dovreste sapere". Questo comporta dunque una prima tappa, che è quella che chiamerei la colpevolizzazione. In secondo luogo, le cose che voi dovrete apprendere, io le so già, e ve le insegnerò, e questo è lo stadio dell'obbligo; e infine, quando ve le

In questa rappresentazione della Scuola come luogo di assoggettamento che si istituisce sulla trasfigurazione del sapere in potere, viene meno la dimensione erotica che dovrebbe accompagnare ogni didattica. In gioco non è la trasmissione – come invece accade in ogni relazione didattica riuscita – del desiderio di sapere, ma la sua brutale sottomissione a un sapere – quello del maestro – che anziché suscitare il desiderio di sapere tende piuttosto ad annientarlo riducendolo a una replica senza vita del sapere già saputo dal maestro.

Il processo che Foucault sta descrivendo non illumina affatto la relazione maestro-allievo, ma solo la sua distorsione autoritaria. In gioco è l'evidente confusione tra il discorso del maestro con quello del padrone che invece in questo libro abbiamo distinto attentamente. Mentre il maestro-padrone tende a generare nell'allievo una identificazione idealizzante al suo sapere come privo di mancanze, il discorso del maestro risponde a tutt'altra logica. Esso mette in movimento la mancanza che struttura ogni sapere per mobilitare non tanto l'identificazione a un sapere già costituito, ma il desiderio di sapere quello che ancora manca al sapere. In questo senso ogni maestro insegna non solo ciò che sa ma soprattutto ciò che ignora poiché testimonia, con la sua ricerca di sapere, l'impossibilità di sapere tutto il sapere[18]. Nondimeno, il ragionamento di Foucault ha il merito di cogliere la tentazione di ogni insegnante a porsi come padrone del sapere, a mostrarsi all'allievo come un tutto senza faglie. È quella tentazione che il metodo

avrò insegnate, bisognerà che voi le sappiate, pertanto verificherò che voi le sappiate: verifica. S'instaura cosí tutta una serie di rapporti di potere»: M. Foucault, *Radioscopia*, in Id., *Discipline, poteri, verità. Detti e scritti 1970-1984*, a cura di M. Bertani e V. Zini, Marietti 1820, Genova 2008, pp. 25-26.

[18] Gli insegnanti «si credono capaci di insegnare ciò che sanno [...] che inizino ad insegnare ciò che ignorano, e forse scopriranno dei poteri intellettuali insospettati che li metteranno sulla via di nuove scoperte». In questo senso «maestro è colui che mantiene il ricercatore sulla propria via, quella su cui egli è solo a cercare e non cessa di farlo». Cfr. Rancière, *Il maestro ignorante* cit., pp. 61 e 122.

dell'inciampo di Fergnani provava ogni volta a scongiurare mostrandoci l'oscurità che abita il centro del sapere, l'impossibilità di raggiungere una chiarificazione senza resti di quel groviglio. In questo senso radicale la Scuola implica un'apertura irrinunciabile alla vita. Essa non può essere ridotta a un dispositivo di assoggettamento perché porta con sé il compito e la vocazione ad alimentare nel soggetto la spinta a erotizzare il sapere piú che a cementarlo.

L'apertura della Scuola.

L'apertura definisce l'essenza della Scuola. Una «Scuola chiusa» è una contraddizione in termini. La vocazione di ogni Scuola è quella di rompere i muri, contrastare la segregazione, vincere l'analfabetismo in tutte le sue molteplici forme, aprire le menti, favorire una cultura dell'inclusione, fare esistere il trauma benefico della vita collettiva. La Scuola, da questo punto di vista, è sempre aperta. Il suo ruolo è insostituibile nella formazione della vita dei nostri figli all'esperienza della democrazia come esperienza del Due irriducibile al regime chiuso dell'Uno[19]. L'incontro con il sapere che la Scuola ha come suo obiettivo non è, infatti, solo l'incontro con delle discipline specializzate, quanto con il plurilinguismo piú profondo che definisce la struttura di fondo della democrazia. È questo il carattere laico della Scuola che dovrebbe escludere per principio la riduzione delle lingue a una sola lingua. La lingua fondamentale della Scuola è infatti la lingua della democrazia, ovvero *la lingua che esclude l'esistenza di una sola lingua*. È questa, se si vuole, la verità ultima della democrazia. Il suo carattere sempre incompiuto riflette quello del rapporto del soggetto col sapere: niente e mai, direbbe Lacan, tutto[20]. Sicché non

[19] Cfr. Recalcati, *Uno diviso due* cit.
[20] Cfr. Lacan, *Il seminario. Libro XVII* cit., p. 61.

esiste sapere assoluto, sapere di tutto il sapere, sapere del sapere di Dio. Se si vuole, come ha fatto notare Nancy, è questo, in ultima istanza, il fondamento piú proprio della democrazia: «l'infinito non dovrebbe essere dato e l'uomo non dovrebbe essere (un) Dio»[21].

L'esperienza della democrazia è esperienza dell'incontro e della contaminazione con la pluralità delle lingue che esclude per definizione il possesso della lingua di Dio. Per questa ragione tutte le Scuole ideologiche tendono a tradire la natura strutturalmente laica della Scuola. Non vi sarebbe, infatti, Scuola aperta se vi fosse una sola lingua, se l'infinito fosse già dato e l'uomo fosse Dio, come ha dichiarato Nancy. Non a caso quando le Scuole trasmettono dogmi inviolabili – una sola lingua irrigidita nel suo codice senza vita – fomentano il terrore e il fanatismo rendendo impossibile la dialettica sempre aperta della formazione. In questo senso la democrazia è «in primo luogo il nome di un regime di senso, la cui verità non può essere sussunta in nessuna istanza ordinatrice, né religiosa, né politica, né scientifica o estetica, ma che impegna chiaramente l'"uomo" in quanto rischio e chance di "se stesso", "danzatore sull'abisso", per usare termini deliberatamente e paradossalmente nietzschiani»[22].

Se la Scuola è luogo di formazione alla vita della democrazia è perché essa esclude l'ultima parola che cancella tutte le altre parole, la lingua che cancella tutte le altre lingue, il sapere che abolisce tutti gli altri saperi. In questo senso la vita della Scuola ospita – come avviene nella esperienza politica della democrazia – un vuoto centrale. La sua apertura è destinata a non richiudersi mai perché non esiste un tutto che può completare la sua esistenza. Piuttosto il lavoro della Scuola è infinito, interminabile, sempre obbligato a ricominciare daccapo, come accade anche

[21] Cfr. J.-L. Nancy, *Verità della democrazia*, trad. it. di R. Borghesi e A. Moscati, Cronopio, Napoli 2009, p. 40.

[22] *Ibid.*, pp. 66-67.

alle singolarità mai equivalenti che essa ospita[23]. È questo il lavoro della formazione: sospingere la vita verso la sua forma singolare, vero la sua unicità irriducibile. È quello che abbiamo chiamato, seguendo Althusser, l'effetto di soggettività. Sebbene la Scuola sia un soggetto collettivo in essa non c'è alcun principio di omogeneità o di equivalenza. Ciascuno entra in rapporto all'onda del sapere e alla sua luce in modo obliquo, a partire dalla propria inclinazione singolare. Ed è proprio questa inclinazione che la Scuola ha il compito di coltivare senza avanzare la pretesa di normalizzarla rendendola uguale. È il mistero commovente di ogni istituzione: come fare in modo che la vita insieme preservi la differenza di ciascuno senza annullare il legame che la istituisce?

La comunità della Scuola.

Nella vita della Scuola la pluralità delle lingue non è solo tutelata dal lavoro degli insegnanti, ma informa anche il suo istituirsi come una comunità. È quello che è mancato di piú ai nostri figli nel tempo della sua chiusura imposto dall'emergenza sanitaria: la possibilità dell'incontro con i propri pari, la vita insieme, la Scuola come soggetto collettivo.

La vita del gruppo costituisce un tempo essenziale nella separazione necessaria della vita del figlio dalla vita della famiglia. Nella comunità della Scuola l'attivazione del codice fraterno o di sorellanza che integra il discorso del maestro come discorso che apre la vita alla esperienza del Due è una esperienza decisiva[24]. Se, infatti, la vita del figlio resta imbozzolata nell'ordine della lingua della propria famiglia di

[23] «Mai da un "tutto si equivale" – uomini, culture, parole, credenze – ma sempre da un "niente si equivale" [...] Ognuno – ogni "uno" singolare di uno, di Due, di molti, di un popolo – è unico di una unicità, di una singolarità che *obbliga* infinitamente e *si obbliga* a essere messa in atto, in opera e in lavoro»: *ibid.*, pp. 50-51.

[24] Cfr. Recalcati, *Il vuoto e il fuoco* cit.; e Id., *Uno diviso due* cit.

origine, non c'è formazione, non c'è incontro possibile con la pluralità aperta delle altre lingue. La vita in gruppo e di gruppo, la vita viva della comunità della Scuola, sostiene in modo decisivo questo processo di apertura rendendo possibile il passaggio dal codice privato della lingua materna a quello pubblico di tutte le altre lingue del mondo. Se per un verso l'esperienza traumatica del Covid aveva rafforzato i legami famigliari sottraendo ai nostri figli l'ossigeno a loro indispensabile della vita al di fuori dalla famiglia, la riapertura della Scuola ridona alla vita del figlio uno spazio aperto.

Ancora una volta possiamo misurare la parzialità della visione foucaultiana della Scuola come dispositivo unicamente disciplinare o di controllo sociale[25]. La Scuola non ha come finalità quella di normalizzare la vita dei nostri figli attraverso una tecnica di dominio e di sorveglianza, ma quella di favorire l'apertura della loro vita all'orizzonte illimitato della vita. Un maestro non è un istruttore, né un governatore, non è un moralizzatore né un sorvegliante, ma la grazia di un incontro che apre la vita a mondi nuovi. Dunque, non agisce per imprimere la sua volontà sui suoi allievi, non impone un sapere già fatto. Come abbiamo visto, assomiglia piuttosto a una luce che allarga la visione, a un respiro che allarga la vita o a un'onda che ci costringe a soggettivare il sapere che abbiamo acquisito, a farlo diventare davvero nostro. Quando invece la sua presenza scivola via e al suo posto si impongono insegnanti distruttori sadici o burocrati senza desiderio o, ancora, soggetti frustrati che vivono solo per il loro stipendio, la vita scolastica diviene oppressiva e toglie il respiro. Non è un caso che un sintomo come quello degli attacchi di panico, che ha nella sensazione di mancanza d'aria una delle sue manifestazioni piú eloquenti, appaia come un sintomo ricorrente ed emblematico in molti giovani. Per questa ragione alcuni di loro hanno fatto fatica a ritor-

[25] Cfr. Foucault, *Radioscopia* cit., p. 34.

nare a Scuola. Ma andare a Scuola non significa entrare in un tunnel senza luce quanto entrare in una comunità aperta. Ed è proprio questa apertura a sottrarre alla vita dei nostri figli i suoi confini familisti costringendoli ad abbandonare il già saputo, ad aprirsi a un mare aperto. La Scuola, scriveva Freud, non solo non spinge i suoi allievi al suicidio ma ha il compito di «creare in loro il piacere di vivere e offrire appoggio e sostegno in un periodo della loro esistenza in cui sono necessitati dalle condizioni del proprio sviluppo ad allentare i loro legami con la casa paterna e la famiglia»[26].

Nuove melanconie.

Se in molti studenti oggi la Scuola può divenire un oggetto d'angoscia non è perché tarpa loro le ali, perché soffoca il loro respiro, ma perché è espressione della dimensione irriducibilmente collettiva della vita[27]. Gli abbandoni scolastici o la difficoltà di andare a Scuola riflettono molto frequentemente la cifra neo-melanconica del disagio contemporaneo della giovinezza: anziché aprirsi alla dimensione illimitata e ingovernabile della vita, molti giovani manifestano una tendenza alla chiusura, una introversione libidica, una spinta a difendersi dalla vita. Se la vita diviene una gara di tutti contro tutti, se il regime della competizione condiziona non solo i processi di ap-

[26] S. Freud, *Contributi a una discussione sul suicidio*, trad. it. di E. Luserna, in Id., *Opere*, vol. VI cit., p. 301.

[27] Il che non esclude affatto che a Scuola si possano incontrare docenti indecenti che fanno di tutto per spegnare il desiderio di sapere nei loro allievi anziché alimentarlo. Ma questa non è la funzione propria della didattica, quanto il suo annichilimento, la sua distruzione. Sono quei docenti che godono nell'umiliare i propri allievi o, piú diffusamente, sono quei docenti senza desiderio di svolgere la loro funzione, senza amore per ciò che fanno, insofferenti al loro mestiere. Questi docenti dovrebbero essere allontanati dai loro incarichi didattici perché snaturano la funzione della Scuola che non è affatto quella di mortificare la vita dei nostri figli, ma quella di offrire a essa la possibilità di trovare la sua forma piú singolare.

prendimento ma anche la propria vita e i rapporti con gli altri, se il regime della valutazione istituisce un giudizio potenzialmente invalidante sull'essere, allora meglio rintanarsi nel chiuso della propria camera.

L'apertura della Scuola viene rigettata nel nome di una identità monadica, richiusa su se stessa, che vorrebbe fare a meno dell'Altro. Si tratta di una illusione claustrale: rigettare l'incontro anche traumatico con l'Altro per realizzare una vita murata, protetta dall'irruzione della vita. Da questo punto di vista la faccia piú recente del disagio giovanile contemporaneo sembra tradurre questo trionfo della pulsione securitaria che preferisce alla felicità e alla libertà la sicurezza e la protezione. Non si tratta però solo di uno dei tratti piú rilevanti della psicopatologia della giovinezza, ma di una inclinazione piú ampiamente politica. Il protezionismo e il sovranismo, l'irrigidimento dei confini e la loro militarizzazione, la centralità della sicurezza a discapito della libertà individuale che caratterizzano il ritorno contemporaneo a nazionalismi illiberali, sembrano ripercuotersi anche nelle pieghe piú intime della vita individuale. In primo piano non è piú l'affermazione espansiva della Comunità, la liberalizzazione dei mercati e dei costumi, l'euforia della globalizzazione, quanto piuttosto la tendenza alla fuoriuscita dalla Comunità, l'inclinazione all'isolamento, alla rottura dei legami sociali, il presidio dei confini, l'irrigidimento dell'identità, l'assenza di avvenire. Di conseguenza, la paura nei confronti dell'apertura illimitata della vita appare come uno dei sintomi piú inquietanti del disagio giovanile ipermoderno. È il controcanto neo-melanconico alla spinta convulsa al consumo senza limiti che invece aveva definito da qualche decennio la cifra neo-libertina del disagio giovanile.

In questo primo paradigma in primo piano non era la chiusura della vita di fronte alle insidie della vita, ma la sregolazione pulsionale, la sua incandescenza anarchica, la tendenza perversa a procurarsi un godimento senza mancanza e senza desiderio reso possibile dal consumo compulsivo di sostanze inumane: alcol, droga, cibo, oggetti tecnologici. In gioco è un godimento assoluto che non si contrappone semplicemente al dovere morale, ma che diventa esso stesso una sorta di dovere paradossale. Non piú contrapposto al godimento – come accadeva nella società moderna descritta da Freud – ma come una forma radicale di godimento; il godimento elevato al rango di un *nuovo dovere*. È quello che Pasolini aveva descritto nella prima metà degli anni Settanta del secolo scorso come un «nuovo fascismo» fondato sulla dittatura degli oggetti di consumo e sulla mutazione antropologica del cittadino in consumatore[28]. Il paradigma neo-libertino definisce effettivamente nuove forme di schiavitú dove il padrone assume le spoglie dell'oggetto di godimento che il mercato mette illimitatamente a disposizione. Dal punto di vista sociale questo paradigma corrisponde alla celebrazione neoliberale dei mercati e al potere inedito esercitato dagli oggetti di consumo. Il mito del successo individuale e di una libertà agita come puro arbitrio, unito al tramonto irreversibile del senso della Legge, completano il quadro. L'esperienza del limite e della mancanza viene cancellata di fronte alla rivendicazione di un diritto a godere che non conosce ostacoli. È la figura emblematica del protagonista di *The Wolf of Wall Street* di Martin Scorsese (2013) interpretata da un intenso DiCaprio che eleva l'assenza di Legge come la sola forma (perversa) possibile della Legge. È la faccia cinica e nichilista del capitalismo finanziario che distrugge ogni forma di patto sociale nel nome di un godimento immediato che rigetta qualunque mediazione o freno simbolico.

Ora, nell'ultimo decennio questo paradigma non si è dissolto ma si è completato – se si può dire cosí – con il paradigma neo-melanconico che ne costituisce il rovescio

[28] Cfr. Pasolini, *Scritti corsari* cit.

rocambolesco. Secondo questo nuovo paradigma del disagio contemporaneo della Civiltà, come abbiamo già accennato, non si accentua affatto la tendenza alla ripetizione convulsa di un godimento insaziabile, avido, che non conosce limiti, quanto piuttosto la tendenza alla chiusura, al rifiuto di ogni forma di legame, alla devitalizzazione per sottrazione, allo spegnimento nirvanico del desiderio. Se nella deriva neo-libertina il soggetto resta, infatti, preda di un godimento mortale che annulla ogni desiderio stabilendo relazioni di schiavitú con l'oggetto inumano, nella deriva neo-melanconica siamo di fronte a una pulsione claustrale che preferisce il chiuso all'aperto, la sicurezza alla felicità, il ritiro al legame sociale[29].

La paura di vivere è probabilmente il disagio piú segreto dei nostri figli: vivere l'incontro con l'aperto non come un ossigeno necessario, ma come un fattore di angoscia e di destabilizzazione. La Scuola può diventare allora oggetto di angoscia non tanto perché presentifica il potere della repressione normativa che stritola la vita, ma perché è una figura dell'aperto, del legame, dell'esposizione che non si può aggirare alla vita pubblica. In questo senso si può a ragione affermare che una delle sue funzioni culturali e civili piú alte sia quella di salvaguardare l'inclusione. È questa un'altra declinazione possibile del suo essere un luogo aperto. La vita comunitaria della Scuola ha il compito di non lasciare che nessuno cada, che nessuno venga tagliato fuori dal legame sociale. Questa funzione è oggi decisiva per rispondere al disagio neo-melanconico della giovinezza ipermoderna: preservare il legame, non consentire né facilitare la sua rottura, contrapporsi alla tendenza securitaria della vita che vorrebbe allontanarsi dalla vita per preservare la sua consistenza identitaria.

[29] Su queste due espressioni fondamentali del disagio giovanile contemporaneo – quella neo-libertina e quella neo-melanconica – mi permetto di rinviare a Recalcati, *L'uomo senza inconscio* cit.; e Id., *Le nuove melanconie* cit.

Il merito e la prova.

La Scuola inclusiva non può però essere la Scuola che scoraggia o non riconosce il merito e l'importanza formativa della prova. Foucault ha condannato senza mezzi termini questa dimensione della Scuola che ai suoi occhi confermava la sua anima profondamente disciplinare. Si pensi, per esempio, alla sua stigmatizzazione dell'esame come «cerimonia del potere»[30]. La stessa figura didattica dell'«interrogazione» rinvierebbe a una genealogia penale o penitenziaria della prova. Ma nemmeno la finalità inclusiva della Scuola, ovvero la tutela e l'attenzione nei confronti di coloro che cadono o che corrono piú piano, può annullare l'importanza decisiva della prova e del merito.

La cautela sospetta se non l'aperta demonizzazione del concetto di merito nella cultura di sinistra e del suo significato considerato classista e alternativo all'inclusione, non è affatto estranea al disagio attuale della nostra Scuola[31]. In realtà il merito, com'è noto, è sancito come valore di riferimento dalla nostra Costituzione (vedi articolo 34), con particolare attenzione verso gli allievi «privi di mezzi». Questo significa che i piú capaci e i piú meritevoli vengono riconosciuti come tali a prescindere dal ceto sociale di appartenenza, dal colore della pelle, dal luogo

[30] «L'esame combina le tecniche della gerarchia che sorveglia e quelle della sanzione che normalizza. È un controllo normalizzatore, una sorveglianza che permette di qualificare, classificare, punire. Stabilisce sugli individui una visibilità attraverso la quale essi vengono differenziati e sanzionati. Per questo, in tutti i dispositivi disciplinari, l'esame è altamente ritualizzato. In esso vengono a congiungersi la cerimonia del potere e la forma dell'esperienza, lo spiegamento della forza e lo stabilimento della verità»: cfr. Foucault, *Sorvegliare e punire* cit., p. 202.

[31] È la stessa allergia che una sinistra massimalista mostra verso un'altra parola che si è rivelata decisiva per la vittoria politica della destra: «sicurezza». Ogni volta che si usano le parole «merito» e «sicurezza» scatta una sorta di riflesso pavloviano di ripudio che sembra anticipare ogni possibile argomentazione. Si chiama pregiudizio ideologico. Per la sicurezza è quello che porta a percepire oscuramente l'uomo in divisa in quanto tale come un simbolo della repressione, per il merito è quello che condanna questa parola ad autorizzare alla diseguaglianza e alla crudeltà della selezione naturale.

di nascita, dal credo religioso, dalla nobilità del sangue. E tuttavia il compito dello Stato non si limita a premiare i capaci e i meritevoli, ma dovrebbe impegnarsi anche a correggere il piú possibile quelle condizioni di diseguaglianza di partenza che tendono a favorire i soggetti al di là delle loro capacità e del loro merito. Si tratta, come si vede, di una rottura netta con ogni forma di familismo, di nepotismo, di casta. Ma non è forse questo ragionamento che dovrebbe garantire la piena acquisizione del termine «merito» nel vocabolario di una nuova sinistra piú riformista e meno ideologica?

In realtà, la cultura pedagogica e politica della sinistra ideologica insiste nel percepire solo il lato neoliberale del merito come avallo di una concezione dell'esistenza come corsa per la propria affermazione individuale, concorrenza, selezione, antagonismo, egoismo, assenza di inclusione. Ma questa versione è solo una degenerazione del valore del merito che toglie davvero merito al merito, che tradisce l'ispirazione di fondo della carta costituzionale. Sarebbe come dire che reclamare il diritto alla sicurezza per la nostra via individuale e collettiva comporti necessariamente una virata repressiva dello Stato, una militarizzazione delle nostre città ecc. Perché non si riesce a liberarsi da questa maculopatia che pare aggravarsi insieme della debolezza della nostra visione della realtà? L'affermazione del merito non significa affatto concepire la vita come una corsa a ostacoli, né colpevolizzare chi non è in grado di affermarsi come meritevole e capace, cosí come rivendicare il diritto alla sicurezza non significa affatto escludere politiche dell'accoglienza e dell'inclusione. Nella vita della Scuola il significato del merito coincide con la valorizzazione dei talenti. Non esiste, infatti, una norma standard di cosa debba essere il merito. Questo sarebbe un vero problema per niente ideologico: la natura stessa del merito. Da questo punto di vista il merito dovrebbe essere considerato per principio antigerarchico e singolare. Esso, in ultima istanza, coincide con la capacità generativa tout court. Ma non è forse questa la finalità prima della Scuola? Favorire in ciascuno lo sviluppo di questa capacità generativa al di là delle svariate forme che essa può assumere? E non si dovrebbe estendere la valutazione del merito anche al corpo insegnante? Chi merita di insegnare? Possiamo ridurre questo merito all'acquisizione di un titolo professionale? Possiamo continuare a non voler vedere, come invece sono costrette a vedere le migliaia di dirigenti scolastici impegnati quotidianamente nel loro difficile lavoro, che esistono insegnanti che, al di là del loro titolo di studio, non hanno di fatto alcun merito per insegnare? Non è questo un enorme problema che la sinistra ideologica non solo non vuole prendere in considerazione ma giudica persino reazionario porre? Eppure nel mondo della Scuola, Università inclusa, è un fatto ben noto. Se nella loro maggioranza gli insegnanti sono capaci e meritevoli, esiste una parte significativa che non lo è affatto e che produce danni incalcolabili sulle nuove generazioni. Mi riferisco a quei danni apparentemente impercettibili che riguardano l'ostruzione all'accesso di un sapere vivo, fertilizzato, animato. Mi riferisco a quella mortificazione ordinaria che trapela nell'eccessiva durezza, nel disincanto rassegnato, nel cinismo del giudizio, persino, talvolta, nel disprezzo aperto verso i propri allievi, insomma nell'assenza di consapevolezza dell'importanza cruciale della propria funzione educativa e didattica.

Quali strumenti, quali dispositivi istituire per verificare il merito degli insegnanti, per disattivare il parassitismo e la noia, l'abulia e l'assenza di vitalità? La cosiddetta mentalità meritocratica viene guardata con sospetto perché pone questo problema inaggirabile. Essa sarebbe qualcosa di orrendo, persino di mostruoso, un corpo estraneo a quello per principio inclusivo e democratico della Scuola. Per quello che può valere, io rivendico invece il valore insostituibile del merito che nella pratica dell'insegnamento non consiste solo nel possedere il sapere necessario all'esercizio di una didattica, ma, prima di ogni altra cosa, il desiderio deciso di dedicarsi all'insegnare come a una tra le pratiche piú alte nel processo di umanizzazione della vita.

La retribuzione degli insegnanti non è solo un fatto imprescindibile di equità economica, ma anche la giusta e dovuta valorizzazione sociale del loro ruolo e del loro merito. In una società abbagliata dal mito del successo facile, dell'affermazione di sé che prescinde dagli altri, dal misconoscimento dell'importanza della conoscenza, dell'arte malevola della scorciatoia di fronte alla necessità di cammini lunghi, la Scuola ricorda ostinatamente la fatica e la gioia della prova come essenziali in ogni processo di formazione. Nel loro lavoro quotidiano gli insegnanti sono chiamati a fare esistere ancora un discorso educativo che invece il nostro tempo tende a rendere sempre piú superfluo schiacciandolo sotto il dominio del culto del denaro e della celebrazione della propria immagine. Se per i nostri figli la tentazione piú grande può essere quella di considerare la Scuola tempo perso o fatica inutile, se la loro preoccupazione può essere quella di non vedere negli occhi della Scuola il proprio futuro perché questo futuro appare incerto, pieno di insidie, privo di prospettive ecc., la tentazione piú grande degli insegnanti è quella di farsi consumare dal proprio lavoro, di perdere l'entusiasmo, di smarrire la loro vocazione. Accade talvolta anche ai migliori. Se il lavoro nella Scuola diviene un ripiego, una frustrazione di ambizioni differenti o, piú semplicemente, se un insegnante non ritrova piú un senso in quello che fa, rischia di venire meno il motore del desiderio di sapere che è, come abbiamo visto, a fondamento di ogni processo di formazione.

Ogni valutazione meritocratica sul corpo docente dovrebbe innanzitutto partire da questo dato: esiste nell'insegnante un desiderio vivo di sostenere il proprio ruolo? Se, per esempio, un docente si limita a seppellire la sua classe di insufficienze, non dovrebbe, anziché lamentarsi dei suoi allievi, chiedersi quale sia la propria responsabilità nel provocare un simile disastro didattico? In questi casi è evidente che il motore del desiderio di sapere che un insegnante dovrebbe mantenere acceso si è spento. Certamente esiste un serio problema di come si debba valutare il merito di un insegnante, su quali principî, attraverso quali dispositivi ecc., ma il tema in sé resta inaggirabile. Diversamente la lotta contro la meritocrazia affossa inevitabilmente la Scuola verso il basso, la stagnazione, l'immobilità, il tran tran senza passione, la routine senza desiderio. La stragrande maggioranza degli insegnanti italiani interpreta il proprio ruolo con grande responsabilità e passione, ma tutti conosciamo i danni di chi invece parassita impunemente la Scuola. Se il compito piú alto della Scuola non è quello di trasmettere nozioni, ma di formare cultura democratica, bisogna ricordare che la democrazia non è l'appiattimento delle differenze, non è cancellazione della fatica della prova, non è soppressione del merito. Tutto il contrario. Esistono figli che vengono parcheggiati nelle nostre scuole e che non hanno alcuna intenzione di applicarsi seriamente allo studio, come esistono insegnanti che si trovano a insegnare senza averne alcun autentico desiderio. L'incrocio di queste due tendenze genera una miscela fatalmente distruttiva. Si tratta di contrastare attivamente questa doppia inclinazione. Trovare gli strumenti piú adeguati senza ignorare il problema e senza arroccarsi in difese corporative. Il valore etico del merito non è una panacea, ma uno strumento che punta a preservare la possibilità e il rigore simbolico della prova senza il quale non c'è alcuna formazione possibile.

Allenare alla democrazia.

In un tempo di crisi e di guerra come il nostro, ogni democratico pensa alla Scuola e alla sua funzione insostituibile nel garantire la vita sempre plurale della parola.

Perché, come sappiamo, non esiste una parola definitiva, una parola che possa credere di essere l'ultima parola sul bene e sul male, sulla vita e sulla morte, sulla giustizia o sull'ingiustizia. La vita della Scuola ha il compito di custodire la pluralità delle lingue. Non è quello che si dovrebbe insegnare innanzitutto a Scuola? Secondo Umberto Eco è una cattiva abitudine degli italiani quella di non sapere ascoltare. I dibattiti televisivi nostrani, diversamente da quelli di molti altri Paesi, hanno la caratteristica cronica della zuffa, della sovrapposizione delle voci, del rifiuto di ascoltare le ragioni dell'altro. La Scuola dovrebbe invece formare al riconoscimento del carattere umanizzante della Legge della parola poiché la parola senza l'ascolto dell'Altro è condannata a essere vuota e a girare su se stessa. Ma è nella struttura stessa della parola, come ha ribadito piú volte Lacan, il suo essere rivolta all'Altro, perché la parola trae il suo soddisfacimento simbolico proprio nell'essere ascoltata[32]. È quello che la lezione della Scuola dovrebbe custodire insegnando ai nostri figli la natura plurale delle lingue, l'impossibilità del monolinguismo, la necessità dell'esercizio permanente della traduzione.

Nulla piú della Legge della parola rivela la nostra connessione profonda all'Altro. Non esiste, infatti, come ha insegnato in modo traumatico anche l'epidemia del Covid, vita umana separata, non esiste vita autosufficiente, vita autonoma, vita che non dipenda dalla vita degli altri, vita che non sia da sempre inclusa nel rapporto con l'Altro. Il grande compito della Scuola, ancora di piú in un tempo traumatizzato come il nostro, è quello di sostenere le ragioni di questa Legge. Come? Educando o istruendo? Per alcuni il compito primo della Scuola non sarebbe quello di istruire ma di educare; al suo centro non ci sarebbero primariamente i contenuti del sapere ma la trasmissione di

[32] Cfr. J. Lacan, *Funzione e campo della parola e del linguaggio in psicoanalisi*, trad. it. di G. B. Contri, in Id., *Scritti* cit., vol. I, pp. 240-41.

principî e di valori. Per altri invece l'istruzione resterebbe l'obiettivo primario di ogni insegnamento scolastico: non può esistere Scuola senza trasmissione efficace del sapere. Ora, in entrambe queste posizioni si dice qualcosa di vero ma solo in modo parziale perché nella pratica viva della didattica educazione e istruzione non sono mai, in realtà, pratiche disgiungibili[33]. Questo significa che nell'educazione c'è già istruzione come nell'istruzione c'è già educazione. La contrapposizione rigida tra istruzione ed educazione dovrebbe lasciare il passo a un pensiero topologico. La relazione tra istruzione ed educazione assomiglia, infatti, a quella che il nastro di Möbius articola tra l'interno e l'esterno dove l'uno passa nell'altro in un continuum senza interruzioni. Ma cosa significa questo nella vita concreta della Scuola? Quando un professore trasmette con competenza, forza e desiderio il proprio sapere, rispettando l'individualità dello stile di apprendimento dei suoi allievi, si sta limitando a trasmettere delle nozioni che definiscono quel tipo di sapere specializzato o, come io credo, mentre sta esercitando la sua funzione didattica sta nello stesso momento generando anche in sovrappiú dei fondamentali effetti educativi? L'educazione, infatti, nella vita della Scuola, non può essere una materia a sé stante, una disciplina tra le altre, ma è sempre l'*effetto di una didattica* che sa coltivare insieme al proprio sapere la crescita collettiva di un gruppo e lo sviluppo delle particolarità di ciascuno.

Il rigore, la dedizione, l'entusiasmo e anche la gioia che possono contraddistinguere l'esperienza della trasmissione del sapere sono i veri effetti educativi provocati dall'istruzione. Un bravo maestro non è un filosofo della morale, non pretende di condurre le vite dei suoi allievi nella giusta direzione (e quale sarebbe poi?), non è un educatore di professione. Piuttosto la didattica è sempre, già in se stessa, nei suoi effetti di soggettività, profondamente educativa

[33] Cfr. Massa, *Cambiare la Scuola* cit., pp. 27-30.

senza che questo costituisca il suo programma. Per questa ragione non esiste una disciplina scolastica che si occupi tecnicamente di educazione in quanto la didattica in se stessa non può mai prescindere dalla educazione, perché il suo obiettivo non è semplicemente quello di travasare delle nozioni nella testa (vuota) degli allievi, ma di consentire alla vita di questi ultimi di darsi una propria forma singolare. È questo, come abbiamo visto ampiamente in questo libro, il centro di ogni processo di formazione. È la trasmissione del sapere che educa al rispetto per la differenza, al pluralismo, che attiva il lutto nei confronti dell'esistenza di «una sola lingua» e di «un solo popolo». Era questo il tragico miraggio dei babelici nel loro progetto totalitario e antidemocratico di costruzione della torre capace di sfidare la potenza di Dio che oggi la guerra in Ucraina – scatenata dal colonialismo imperialista di Putin – rinnova altrettanto tragicamente. Si dovrebbe invece sempre ricordare che se ciascuno è unico nel suo stile di apprendimento e nella sua propria esistenza, non può mai essere *l'unico*. C'è didattica formativa solo quando c'è lutto dell'idea totalitaria che esista una sola lingua e un solo popolo. È questo il fondamento piú profondo della democrazia.

La Scuola dovrebbe portare con sé il desiderio di apertura e di moltiplicazione delle lingue che la rende antagonista a ogni irreggimentazione ideologica. È questo il punto di massima convergenza tra istruzione ed educazione. Non c'è sapere che pretenda di essere il solo sapere cosí come non c'è valore che pretenda di essere il solo valore. È il contrario della violenza della guerra, della sopraffazione delle minoranze, della crudeltà, dell'arroganza del potere. Lo spiegava bene Pasolini che, pur essendo un critico spietato di ogni forma di autoritarismo pedagogico, riconosceva nella trasmissione della cultura il solo modo per dare vita al desiderio sottraendolo agli oscuri dèi della guerra e al loro «desiderio di morte»[34]. Difendere la nostra libertà significa difendere la vita aperta della Scuola. L'educazione alla democrazia passa dalla via stretta del riconoscimento dell'esistenza plurale della parola. Non è un caso che in tutti i regimi totalitari la Scuola venga trasfigurata in una macchina di uniformazione, di plasmazione del pensiero e di eliminazione del difforme. È una tentazione che attraversa ogni ideologia: ritenere la propria versione del mondo superiore a quella rivale. Il compito democratico di ogni Scuola dovrebbe invece essere quello di mostrare la natura implicitamente autoritaria di questa tentazione riconoscendo nella pretesa di possedere la verità la forma piú acuta di ignoranza.

[34] Cfr. Pasolini, *La droga: una vera tragedia italiana* cit., p. 98.

Indice dei nomi

Indice

Certificato PEFC
Questo prodotto è realizzato con materia prima da foreste gestite in maniera sostenibile e da fonti controllate
PEFC
PEFC/18-31-226
www.pefc.it

Einaudi garantisce la gestione sostenibile delle risorse forestali e usa carta HOLMEN certificata PEFC con fibra vergine proveniente da foreste sostenibili
www.holmen.com/paper

GRAFICA VENETA
CARBON NEUTRAL

Questo libro è fabbricato da Grafica Veneta S.p.A.
con un processo di stampa e rilegatura certificato 100% carbon neutral
in accordo con PAS 2060 BSI

Stampato per conto della Casa editrice Einaudi
presso Grafica Veneta S.p.A. - Stabilimento di Trebaseleghe (Pd)
nel mese di agosto 2025

C.L. 26294

Ristampa						Anno			
0	1	2	3	4	5	2025	2026	2027	2028